Jacques Perrier
La foi en actes

NDL Éditions

Photo de couverture : © Philippe Cabidoche

Sanctuaires Notre-Dame de Lourdes
1, avenue Monseigneur Théas
65108 Lourdes Cedex

ISBN 978-2-36109-050-0

« Dans la confusion du monde, la découverte d'un chemin est une grande chance, même si le chemin est difficile à suivre. »

Jacques Perrier, *Petit traité de la foi catholique à l'usage de ceux qui veulent en vivre,* MAME, Paris, 2002

Préface

par l'abbé Michel de Roton,
recteur émérite des Sanctuaires Notre-Dame de Lourdes

Qui est donc Jacques Perrier ? Évêque de Tarbes et Lourdes pendant quinze ans, nous l'avons découvert peu à peu, allant de surprise en surprise. Il nous est apparu comme infiniment séduisant et, quelque part, un peu « inquiétant ». Un évêque sans façon, capable de réparties dans les cérémonies officielles ou solennelles, avec une capacité de travail hors du commun et une santé insolente qui lui permettent une activité débordante : il était présent partout. Une originalité, une liberté de parole où l'humour et la bonté atténuent le coup d'œil perçant...

À la parole, Jacques Perrier associe l'écriture : il est l'auteur d'une dizaine d'ouvrages sur Lourdes et son message, particulièrement sur Bernadette (*Bernadette, pourquoi je l'aime,* NDL Editions). Il s'est approprié le message de Lourdes comme aucun évêque avant lui ne l'avait fait, me semble-t-il. Et il faudrait encore ajouter ses initiatives pastorales et sa prière, notamment sa manière de célébrer l'Eucharistie.

Doué d'une grande sensibilité, nous l'avons vu gagné par l'émotion lors de la perte de collaborateurs proches. Discret, Jacques Perrier ne parlait guère de lui, ni de sa famille, ni de ses ministères successifs. Nous trouverons réponse à ces questions en lisant l'ouvrage rédigé par Françoise Lamathe où Mgr Perrier se livre en toute simplicité pour notre bonheur.

Avant-propos

Difficile à suivre ! Tant il court, il court…

Le pas énergique, l'œil vif, à l'affût du moindre détail, il arpente le domaine des sanctuaires Notre-Dame de Lourdes, bouillonnant d'idées nouvelles et de projets.

Après le succès, fin octobre dernier, du premier Rendez-Vous des Familles, pèlerinage qui lui tenait tout particulièrement à cœur de lancer, actuellement, c'est la grande opération Siloé de restructuration des piscines qui l'anime.

Pourtant, le 4 décembre 2011, jour anniversaire de ses 75 ans, Mgr Jacques Perrier, évêque de Tarbes et Lourdes, a présenté sa démission, après bientôt 15 ans de dévouement à son diocèse et surtout à la Grotte, dont il a rénové l'image, lui insufflant une dynamique incontestable, marquée par les deux jubilés exceptionnels de l'an 2000 et de 2008 et surtout la visite de Jean-Paul II en 2004, suivie de celle de Benoît XVI en 2008, à l'occasion du 150ème anniversaire des Apparitions.

Deux papes pour un évêque charismatique, qui marque et marquera l'histoire de Lourdes à travers un bilan foisonnant d'initiatives riches et fortes, à la fois spirituelles et concrètes ; poursuivant toujours un même objectif : faire de Lourdes un lieu vivant et attractif afin de permettre au plus grand nombre de trouver une lumière et une force. Et une priorité, les malades et les jeunes.

La petite cité pyrénéenne est devenue en 150 ans l'un des plus grands lieux de pèlerinage catholique au monde, avec un taux de fréquentation en constante évolution. Une réussite émanant du message de la Vierge Marie et de la personnalité si particulière de Bernadette Soubirous, bien sûr, mais cette grâce, ce rayonnement, sont toujours à renouveler et stimuler. Les pèlerins doivent toujours se voir proposer de nouvelles perspectives pour continuer d'avancer.

Mgr Jacques Perrier l'a bien compris et s'est attaché à parler de Lourdes à travers des symboles universels, comme le rocher, l'eau, et la lumière. Des images fortes, mais d'une grande simplicité afin d'être accessibles à tous. Dans ses écrits, se révèlent cette grande finesse psychologique à l'écoute des plus humbles et un esprit d'analyse qui renforce le religieux tout en le concrétisant ; et c'est vraiment lui qui transparaît, il ne plagie personne et reste absolument authentique.

Pour Jacques Perrier, la foi a besoin de tangible, d'un lieu, d'une action comme incarnation de la prière, afin de s'épanouir. C'est ainsi qu'il a souhaité revenir à l'idée première du pèlerin en tant que marcheur et a eu l'intuition du chemin du jubilé, toujours un grand succès.

À son arrivée en 1997, les Lourdais, toujours craintifs face à "l'estranger", ce Parisien venant de Chartres, n'ont pas toujours compris ses décisions, notamment ce premier bouleversement pour eux de voir leur pèlerinage, celui de la Bigorre, déplacé. Pourtant un hommage rendu par leur évêque que d'ouvrir ainsi la saison au lieu de la clôturer.

Mais comme tous les caractères forts, Mgr Perrier ne peut faire l'unanimité. Il est vrai que son assurance, portée par une foi pure et forte, et sa vivacité d'esprit lui donnent parfois l'air dur et peut-être distant, ne s'embarrassant pas de détails ; ce qui cache et protège une profonde sensibilité, un cœur généreux mais pudique et une grande bienveillance envers chacun.

Ce tempérament pressé et directif ne semble animé que par la seule volonté d'agir au mieux.

Et personne ne pourra le taxer d'immobilisme, d'ambition personnelle ou de malhonnêteté. Personne ne pourra nier qu'il vient de donner 15 ans de son incomparable énergie pour faire vibrer la cité mariale et la faire rayonner internationalement.

Nul doute que les premiers à l'avoir dénigré seront les premiers à le regretter et reconnaîtront tout ce qu'il a imaginé et instauré. À la suite de Mgr Laurence et Mgr Théas, il restera dans les annales de Lourdes.

Car plus que le gardien spirituel de la Grotte, Mgr Jacques Perrier est le patron, un patron à l'écoute et toujours en éveil, s'avérant audacieux et pugnace.

Avec un tel tempérament et son intelligence, il aurait pu prétendre à toutes les ambitions et se retrouver à Rome parmi les plus hautes instances.

Il semble que c'est le sens du service qui le porte et surtout la conviction d'être utile avec la plus grande des humilités. Les sanctuaires Notre-Dame de Lourdes paraissent ainsi comme l'aboutissement de sa vocation et de son épanouissement.

Mais qu'est-ce qui le fait toujours courir ainsi ?

D'où lui vient donc cet extraordinaire enthousiasme ?

On sait combien Mgr Perrier aime Lourdes et pourquoi il aime Bernadette, il a beaucoup écrit, notamment sur la liturgie, mais on ne sait rien de lui.

Aumônier et responsable de la Sorbonne, curé et recteur de Notre-Dame de Paris, évêque de Chartres puis de Lourdes : des lieux prestigieux et infiniment célèbres pour des ministères à sa hauteur, à la fois lourds et complexes, et qui ne lui ont certainement pas été confiés par hasard.

Il paraissait essentiel, à la veille de son départ, de connaître un peu ce qui l'anime et ce qui lui donne une telle détermination.

Sa foi assurément, solide, authentique, libératrice. Mais quel fut son chemin ?

Dans cet ouvrage modeste, à l'image de son protagoniste, pas de confession intime ou de déclaration sur l'Eglise, ni d'ambition biographique stricte et exhaustive, mais un portrait qui s'est voulu chaleureux et sensible, suivant le fil du chemin de sa foi.

Sa famille, sa vocation, sa jeunesse, ses études, ses rencontres, du simple abbé Angles au futur cardinal Lustiger, le séminaire, la guerre d'Algérie, la Sorbonne et le choc de mai 68, l'Institut des Hautes Études de la Défense nationale, l'organisation de la rencontre du pape Jean-Paul II avec les jeunes au Parc des Princes, la fondation de Radio Notre-Dame, la paroisse de Saint-Ferdinand-les-Ternes, les foules de Notre-Dame de Paris, la consécration épiscopale, le diocèse de Chartres, sa cathédrale, les papes de sa vie, ses deux amis parmi les saints, Franz Stock et Bernadette Soubirous.

Et Lourdes bien sûr.

Il manquera son franc-parler, inattendu chez un évêque, et forcément son humour, inénarrable !

Vocation

La famille, source favorable

Quelle ambiance chez les Perrier au 26, avenue Duquesne, dans le 7ème arrondissement de Paris ! Bien sûr les temps de guerre et d'après-guerre s'avèrent toujours difficiles entre traumatismes et restrictions, mais sept enfants à la maison, c'est la joie, l'insouciance, l'avenir. Pas question de s'apitoyer, il faut avancer, construire.

Jacques Perrier, né le 4 décembre 1936, est le cinquième de cette belle fratrie et hérite lui de 4 J (une plaisanterie familiale !), pour quatre prénoms de baptême significatifs : Jacques, Jean (prénom d'un oncle, décédé), Joseph (prénom du parrain), Jules (prénom d'un grand-oncle mort à la guerre de 14). Après trois frères aînés suivis d'une sœur, la place semble bonne, d'autant que Jacques reste le petit dernier durant 6 ans, avant que n'arrivent une petite sœur puis un petit frère. Mais dans cette famille chrétienne, bienveillante et tolérante, il semble que la position de naissance n'ait eu qu'une relative importance. Sûrement pas dans l'affection et surtout pas dans l'éducation, chacun des enfants ayant eu toute liberté dans ses choix.

Chez les Perrier, on ne dîne pas avant 20 heures, plutôt tardif pour l'époque. On attend le père, Charles, ingénieur polytechnicien chargé des installations téléphoniques à Paris, très pris par ses responsabilités professionnelles à une période délicate où, entre pénuries et piston, il fallait attendre deux ans pour obtenir une ligne. Si aujourd'hui les opérateurs de téléphonie mobile se battent pour proposer leur service, autrefois c'était bien l'inverse. Et naturellement, dans la famille Perrier on a toujours beaucoup téléphoné.

C'est le grand-père paternel Henri, né dans une ferme du Haut Jura, en un climat un peu rude, qui a ouvert la voie. Très brillant à l'école, il a pu obtenir une bourse lui permettant d'accéder à l'excellence académique. Diplômé de Polytechnique au tout début de la IIIème République, il devint ingénieur aux Chemins de fer de l'État.

S'il emmène parfois ses enfants, qui prenaient ainsi toute la mesure de la charge paternelle, à son bureau, situé boulevard de Vaugirard, Charles Perrier ne parle pas beaucoup de son travail, d'ailleurs très technique. Mais l'homme semble être peu bavard, de nature ou peut-être comme beaucoup, profondément marqué par la guerre de 14. Il s'est engagé à 19 ans et a reçu la croix de guerre militaire, mais il n'évoquait jamais cette période de sa vie. Du moins en famille, car il revoyait alors parfois un groupe d'anciens amis.

C'est par des relations familiales que Charles Perrier rencontre sa future épouse, Magdeleine Claudet, issue également de polytechniciens. Son père à elle était ingénieur des Ponts et chaussées. Bien que n'ayant jamais été à l'école et en éprouvant beaucoup de regret, elle avait une expression et une orthographe parfaites.

Ainsi Charles se marie sur le tard – comme on disait autrefois – en 1928. Elle a dix ans de moins que lui, mais comme il a vécu longtemps, jusqu'à sa centième année, cette différence ne semble pas avoir marqué le couple, ni les enfants. À la naissance du petit Jacques, son père a alors 40 ans.

La vie de famille paraît vraiment harmonieuse. Bien que très différents, les parents s'entendent. S'il parle peu, elle se montre beaucoup plus expansive. Ils ne se donnent jamais tort devant les enfants, imposant ainsi force et équilibre. Mieux valait être unis face à sept ! Quel tumulte, quelle vie !

Mais le père n'élevait jamais la voix, il restait toujours très calme. Il aimait voir ses enfants chahuter.

Il semble que dans cette belle fratrie, le nombre n'a pas été considéré comme une difficulté pesante, mais comme une richesse, une force pour chacun, d'autant qu'élevé – au sens littéral – par des parents justes et bons.

Bien menée, une famille nombreuse s'avère une formidable école de vie, une micro-société, où chaque enfant doit trouver sa place tout en apprenant à respecter les autres.

Pour le futur évêque, la petite enfance est marquée par la guerre et les rationnements. Aujourd'hui on ne pourrait pas lui faire manger de topinambour ou de salsifis, produits pourtant désormais très en vogue. Les restrictions étaient dures et ce n'était vraiment pas facile de nourrir une telle famille.

Les Noël n'étaient pas luxueux, mais les parents se démenaient toujours pour que chacun ait un cadeau devant la cheminée.

Le sens de l'économie s'avérait alors vital et l'esprit pratique fortement recommandé. Ainsi la maman avait conçu des vêtements pour la famille en utilisant de vieux rideaux bleus récupérés dans l'appartement de ses beaux-parents après leur décès. Il fallait vraiment tirer parti de tout.

Et elle avait de quoi faire avec tous ses enfants à la maison. Une bonne – comme on les nommait autrefois – l'aidait beaucoup. Et chez les Perrier, on apprenait aux enfants à respecter le personnel ; pas question de donner tort à la bonne ! Jamais.

L'une d'elle a particulièrement marqué la famille. Elle s'appelait Julia. Très travailleuse, elle avait un jeune fils et un copain, un peu extravagant, qui faisait du stock-car ; cela détonnait dans ce quartier bourgeois. Pittoresque même ! Elle est morte d'un cancer assez jeune.

Le mode de vie de Julia ne correspondait pas vraiment à la ligne morale de la famille, mais la tolérance, l'ouverture d'esprit et le respect s'avèrent des valeurs essentielles chez les Perrier, ainsi pas de jugement, de sectarisme.

D'ailleurs le gynécologue, accoucheur des sept enfants Perrier, était très apprécié par Magdeleine. Pourtant il était communiste. Et ils s'entendaient vraiment bien. Quant au médecin de famille, le docteur Laurent, il était agnostique !

La famille est très catholique. À l'époque, chacun organisait son emploi du temps en fonction de la messe dominicale, qui ne se remettait pas en question.

Ainsi chaque dimanche matin, parents et enfants se rendent à la messe, en l'église Saint-François-Xavier, paroisse du quartier. Et toujours à celle de 10 heures moins le quart : la moins longue !

C'est la simplicité qui prime. Croyants, pratiquants, mais pas dans la rigidité.

Les parents avaient choisi pour principe de scolariser leurs filles en un établissement privé et leurs garçons dans le public. C'est ainsi qu'un matin, le jeune Jacques s'est vu prendre le chemin de l'école, direction le 15ème arrondissement, au Lycée Buffon.

Un choc. Impossible d'y entrer !

Le sentiment d'un arrachement violent à un univers familial chaleureux et indulgent ? Il semble que les trois frères aînés n'aient pas connu ce même traumatisme ; plus liés, ils faisaient certainement bloc.

Heureusement que la maîtresse, Madame Maurice, qui était très affectueuse, le consolait gentiment.

Mais Jacques ne s'y est pas fait. Il n'a jamais aimé l'école. Cela est resté, au fil des classes et des professeurs, toujours aussi dur de se rendre au Lycée Buffon.

En outre, comme chez les Perrier on ne se couchait pas de bonne heure, au matin chacun faisait au plus vite pour ne pas être trop en retard en classe. Pendant les petits déjeuners, vite expédiés, les enfants étaient alors autorisés à ne pas parler !

Quant au déjeuner, la coupure était suffisamment longue et le lycée assez proche pour que chacun se retrouve autour de la table familiale. Et donc éviter la cantine !

Le père s'intéresse aux études de ses enfants, mais sans pression. Rigueur et bienveillance semblent ainsi parfaitement s'accorder.

Jacques se considérait, lui, comme un élève consciencieux mais pas brillant. Vu sa toujours actuelle grande vivacité d'esprit et sa mémoire infaillible, il devait assurément posséder d'incontestables facilités scolaires, mais comme l'humilité fait partie de sa nature profonde…

Il est certain que le lycée n'aura pas été pour lui très agrégatif. Et puis il n'a jamais revu ses anciens camarades. Les chemins ne se sont pas recroisés et les liens n'ont pas été non plus entretenus.

D'autant que quand on la chance d'avoir tant de frères et de sœurs, il semble que l'on peut être moins demandeur à l'extérieur, hors de la cellule familiale.

Les camarades de jeux sont à la maison et l'école reste une épreuve !

Heureusement il y a les vacances.

La famille possède une propriété dans le Limousin, à la campagne, et y passe la majeure partie des grandes vacances, même celles de Pâques, où il faisait d'ailleurs bien froid. Il n'y avait pas alors de chauffage central.

Mais l'été quel bonheur ! Quitter Paris, retrouver la nature, les grands espaces…

Les enfants jouent beaucoup à l'extérieur, d'autant que leur mère les y encourage toujours vivement. Longues balades en vélo, ballon, jokari… Et tous les jours la baignade, en un étang situé non loin de là, doté d'une petite plage naturelle. C'est en cet étang que le père a appris à chacun de ses enfants à nager.

Il parvenait alors à se dégager de ses responsabilités professionnelles durant un mois pendant l'été, afin de retrouver toute la famille.

Sinon, les parents s'écrivaient chaque jour. C'était un petit rituel pour les enfants que de porter le soir la lettre de leur mère à la poste. Et le lendemain la lettre de leur père arrivait. Très uni autour de leurs enfants, le couple avait certainement beaucoup à échanger sur chacun d'entre eux.

Magdeleine et Charles Perrier n'ont pas connu grands soucis de santé, sauf dans la vieillesse, pendant les dernières années de leur vie. Le médecin venait seulement pour les enfants. Le docteur Laurent disait alors toujours : « On va faire ça comme ça ! »

Une formule retenue et largement adoptée depuis par Jacques Perrier dans tout son parcours, à l'exposé de ses nombreuses idées et initiatives.

Une foi profondément ancrée

C'est au sein de cette famille chrétienne, modèle de vérité, que tout jeune, Jacques Perrier ressent cet appel indicible, indescriptible, d'une trop violente intimité peut-être pour l'évoquer avec de simples mots, par pudeur aussi, une pudeur de tempérament dans l'expression des sentiments, des émotions ; un héritage probablement familial.

Ce signe fort du Christ semble donc conservé comme un précieux secret.

Même si la force de la conviction vainc toutes les interrogations, ce moment décisif dans la vie d'un religieux reste fréquemment énigmatique pour l'entourage.

Le pape Jean-Paul II l'a évoqué simplement ainsi, lors de sa rencontre avec les jeunes au Parc des Princes en 1980 : « J'ai toujours vivant dans ma mémoire ce développement intérieur à la suite duquel j'ai entendu l'appel du Christ au sacerdoce. Ce « Viens et suis-moi » particulier. »

Lors d'une interview en 2009, dans le cadre de l'année sacerdotale, Jacques Perrier reprendra également cette parole biblique, ce « Viens et suis moi », pour lui permanent.

Chez Jacques Perrier, sa vocation semble d'autant plus pure et forte qu'elle a surgi très tôt, sans véritable modèle, liée certainement plus à la célébration de la messe et à l'Eucharistie.

Bien sûr, l'éducation familiale s'est avérée propice. Côté maternel, il y avait des religieux, et même s'ils étaient loin, ils pouvaient inspirer une vie concrète de prêtre, à l'inverse d'aujourd'hui où les vocations sont rares.

Autrefois, autour des années 50, on comptait un prêtre pour 1 000 habitants.

Mais dans le Limousin, où la pratique chrétienne s'avérait très faible, il y avait déjà peu de prêtres.

Les hommes ne rentraient pas dans les églises. À l'heure de la messe, ils se rendaient au bistrot. Ceux qui allaient à la messe, c'était les "estrangers", les vacanciers, comme les Perrier. Il n'y avait pas de chorale, mais un harmonium, au sens militaire de l'expression.

Dans ce Limousin peu religieux, arrive, en 1945, un prêtre très jovial, plein d'humour et tout en rondeurs qui s'appelait paradoxalement Angles. Il avait alors à charge 3 000 habitants répartis dans deux villages.

L'abbé Angles, très apprécié par la famille Perrier, venait souvent à la maison et n'hésitait pas à raconter des anecdotes drôles sur son ministère, en les mimant. Un vrai prêtre de la campagne limougeaude, simple, avenant et très religieux, qui s'est beaucoup investi pour ses deux paroisses, y réalisant de nombreux travaux. C'est ainsi qu'il a transporté l'autel du Carmel de Limoges pour le remonter dans son église. Le jeune Jacques, alors âgé d'une douzaine d'années, l'a un peu aidé dans ce projet. Depuis et d'ailleurs toujours très sensible à la liturgie, Jacques Perrier aura construit de nombreux autels, notamment le plus célèbre, celui de la cathédrale de Chartres.

À l'époque, s'il semble déjà sûr de sa vocation, cette idée du concret dans la foi, de l'action qui donne sens à la prière, se sera donc probablement révélée auprès du brave abbé Angles.

Heureusement qu'il y eut cette belle rencontre avec ce prêtre Limougeaud dans la prime jeunesse de Jacques Perrier, car à Paris, les hommes d'Église, dont il a croisé le chemin, ne lui ont pas laissé un chaleureux souvenir. Notamment les deux aumôniers du lycée Buffon, très austères.

Le premier, un sévère Alsacien, personnage très impressionnant, ne lui a transmis aucune souvenance du catéchisme, inculqué comme les tables de multiplication !

Le second, plus moderne, invitait les élèves à se rendre à la messe de la Fraternité chrétienne du lycée. Or un jour cet aumônier a osé faire observer à Jacques Perrier qu'il ne l'avait pas vu dimanche dernier.

Quelle offense ! Le jeune lycéen, en troisième alors, l'a vraiment très mal pris, considérant cette remarque comme une grave atteinte à sa liberté, comme si on lui avait dit : « Je ne vous ai pas vu en cours. » Jacques voulait aller à la messe de son choix ; et cette forme de surveillance s'est avérée intolérable pour lui. Aussi a-t-il pris la ferme résolution de ne plus aller au catéchisme, qui d'ailleurs dans un établissement public n'était pas obligatoire.

Ses parents ont compris la réaction de leur fils et ne l'ont pas obligé à poursuivre, le soutenant même dans sa décision, estimant : « Une messe en vaut bien une autre. »

À travers cet épisode, on peut déjà percevoir toute la force de caractère, voire de mauvais caractère, de Jacques Perrier. Pas question que sa foi et son investissement religieux se vivent sous la contrainte.

Peu influençable, bien qu'adolescent, il n'a pas hésité à braver ce quasi commandement. Une assurance émanant certainement en grande partie de cet inaltérable soutien familial, source essentielle de ses convictions.

Quinze années plus tard, à l'occasion de son ordination, Jacques Perrier a envoyé une carte à ce fameux prêtre, qui, campé sur sa position, lui a répondu qu'il avait bien fait de le pousser à se rendre à la messe de la Fraternité du Lycée !

Les parents Perrier encouragent leurs enfants à sortir du cadre familial afin d'élargir leur horizon, et se montrent favorables à ce qu'ils fassent d'autres choses, rencontrent d'autres personnes, mais toujours sans contrainte.

Le père n'aimait pas les scouts, il les trouvait trop autoritaires, presque militaires avec leur uniforme. Et il estimait que c'était aux parents, et non aux chefs de troupe, de décider si l'enfant irait à la sortie ou devrait rester travailler.

Ainsi Jacques intègre le « Groupe de ballade des jeunes lycéens », appelé ensuite Saint-Martin. Des camps y étaient organisés comme chez les scouts, l'uniforme et la hiérarchie en moins. L'ambiance s'avérait ainsi plus détendue. Cette expérience des camps restera toujours pour lui une bonne chose. Par contre, si sa relation avec le premier aumônier du Groupe semble plutôt appréciable, avec le second vraiment pas. Jacques Perrier ne s'est pas du tout accordé avec lui et apparemment cette mésentente était réciproque.

Malgré ces relations cléricales peu engageantes, le jeune Jacques n'a jamais manqué une messe du dimanche. Et à la campagne, dans le Limousin, il s'y rendait même parfois le matin.

Sa foi solidement ancrée dès l'enfance, il a parlé très tôt à ses parents de sa vocation, qui l'ont prise au sérieux. Mais respectueux de son choix et de sa destinée, ils n'en ont jamais parlé à personne. Ainsi leur fils n'a jamais eu à porter ce qui aurait pu être la lourde étiquette de l'enfant destiné à la prêtrise.

Jacques Perrier obtient son bac à 16 ans et pense déjà à se former religieusement. Les parents ne s'opposent pas à cette perspective du séminaire, mais, prudemment, lui conseillent de faire des études supérieures, afin qu'il ne se sente pas obligé de suivre une voie qui pourrait finalement se révéler ne pas être la sienne.

Et puis il n'y a pas urgence : 16 ans, c'est vraiment très jeune pour entrer au séminaire !

S'il y avait dans la famille une tradition professionnelle tournée vers la fonction publique, chaque enfant Perrier a fait son choix, selon son goût et son orientation, sans subir aucune pression des parents, particulièrement sensibles à l'épanouissement de tous.

Un ingénieur, un militaire, un médecin… Jacques sera le seul à prendre un chemin religieux.

Trois années décisives à la Sorbonne

En 1953, Jacques Perrier s'inscrit donc en lettres classiques à la Sorbonne, qui se trouve à 3 kilomètres de chez lui, et s'y rend à vélo. C'était à l'époque l'université la plus ancienne et la plus réputée, avant qu'elle ne vole en éclat en 1968.

Le programme de lettres classiques porte alors essentiellement sur le latin et le grec. En français, seulement une dizaine d'ouvrages dans l'année sont à l'étude, de Chrétien de Troyes à Guillaume Apollinaire.

La première année, dite propédeutique, était vraiment faite pour décourager les étudiants, et de fait le jeune Jacques se rendait plus au cinéma, au Champollion, dans le quartier latin, qu'en cours. Tellement bien qu'il a passé son examen à la deuxième session !

La deuxième année s'est avérée plus intéressante. Quant à la troisième, il n'allait plus du tout en cours, mais a obtenu son diplôme, d'ailleurs ni mieux ni plus mal.

En fait, Jacques Perrier passe la majeure partie de son temps à l'aumônerie de la Sorbonne, responsable des plus jeunes. Le Centre Richelieu était une institution très dynamique, dirigée par un prêtre au grand charisme, le père Maxime Charles, périgourdin très jovial mais au caractère ardent, dont les intuitions spirituelles et pastorales ont marqué de nombreuses générations d'étudiants.

Les locaux se trouvaient juste à côté de la Sorbonne. Les effectifs étaient importants et l'activité toujours débordante, entre vie liturgique et formation théologique. Il y avait même un journal.

Jacques Perrier se plaît beaucoup dans cette ambiance, énergique foyer de réflexion et d'expression, où étaient organisés carrefours et conférences ; et il s'y investit pleinement.

Trois années fortes et très marquantes pour le jeune étudiant, qui y rencontre d'ailleurs le père Jean-Marie Lustiger, alors tout jeune prêtre, mais déjà brillant. Ordonné en 1954, il est nommé aumônier au Centre Richelieu avant de succéder en 1959 au père Maxime Charles, appelé, lui, à la basilique du Sacré-Cœur de Montmartre.

À l'époque, l'aumônerie de la Sorbonne pouvait mobiliser, chaque année, plus de huit mille universitaires sur le chemin de Chartres, pèlerinage fondamental pour le Centre Richelieu, qui au-delà de son aspect très clérical, attribuait d'importantes responsabilités à ses jeunes étudiants.

Ainsi, voilà qu'à tout juste 18 ans, mineur à l'époque, Jacques Perrier se voit chargé de l'une des « routes » menant à Chartres, soit un millier de personnes à conduire et à loger pour deux nuits.

Une mission qui n'était sûrement pas pour lui déplaire !

Reconnaissance du chemin, recherche de fermes acceptant d'accueillir les étudiants pour y dormir, repérage de points d'eau, de lieux pour les veillées…

Jacques Perrier ouvrait la marche, soit un kilomètre d'étudiants à diriger, sans téléphone portable bien sûr, mais une voiture balai.

Déjà très réactif, efficace, sûr et dévoué, les instances de la Sorbonne avaient tôt fait de repérer ses belles qualités dans l'action et ne s'y sont pas trompées.

En troisième année, les étudiants de l'aumônerie avaient des responsabilités envers ceux de première année : un accompagnement spirituel établi en collaboration avec les prêtres, d'ailleurs pas beaucoup plus âgés qu'eux.

D'un point de vue chrétien et liturgique, Jacques Perrier aura ainsi plus appris durant les trois années passées à la Sorbonne que les six années de séminaire qu'il s'apprête à intégrer.

Car, bien qu'il n'en parle pas, sa vocation première pour la prêtrise ne l'a pas abandonné, bien au contraire. Il a mené une vie d'étudiant ouverte et libre, côtoyant des jeunes filles, sortant, dansant…

Et sa foi en est raffermie, plus assurée encore du chemin à prendre.

« Si une chose est vraiment vraie, les épreuves et les renoncements existent, mais ils sont relativisés » affirmera-t-il. Ainsi pas de doute, de choix à faire.

Jacques Perrier semble convaincu, mais aussi convainquant, puisque personne dans son entourage n'essaye de le dissuader d'entrer au séminaire, l'estimant bien dans sa peau et voyant qu'il ne joue pas un rôle.

Et il n'a pas eu à subir non plus de pression d'encouragement, puisque ses parents avaient conservé secrète l'expression première de cette vocation. Aussi ne s'est-il jamais senti enfermé dans sa décision.

Le séminaire, la guerre d'Algérie

Si pendant ses études à la Sorbonne, Jacques Perrier a pu profiter du chaleureux climat familial, voilà qu'à 19 ans il quitte le domicile parental pour entrer au séminaire de l'Institut catholique, situé dans le 6ème arrondissement de Paris, toujours rive gauche, comme la Sorbonne.

La chambre est triste. Les journées très réglées autour de la prière, de l'étude et du service communautaire. Extinction à dix heures et quart et l'obligation pour chacun de rester dans sa chambre. Les temps de colonie font varier ce rythme strict.

Le dimanche après-midi, les séminaristes rendent visite aux malades des salles communes des hôpitaux de Paris, les mouroirs de l'époque, avec une aide-soignante pour cent lits.

Jacques Perrier en garde un souvenir sinistre, très dur.

Les parents viennent voir leur fils parfois, mais comme tous les séminaristes parisiens, il a la chance de pouvoir repasser de temps en temps à la maison.

Si les séminaristes ne sont pas libres de leur dimanche, ils profitent des vacances : après Noël, après Pâques, ainsi que les grandes vacances d'été, où Jacques Perrier pouvait retrouver sa famille dans le Limousin.

Durant sa première année de séminaire, il trouve le temps et l'énergie, outre toutes ses obligations, de préparer, le soir venu, sa quatrième année d'études supérieures de lettres classiques. Il obtient ce fameux diplôme, qui permettait alors de se présenter au concours de l'agrégation.

Jacques Perrier se prétendra un élève honnête mais pas brillant. Pourtant le domaine n'était pas des plus aisés et le temps imparti à son étude plutôt restreint.

S'il a choisi des études littéraires sans objectif professionnel, puisque déjà déterminé dans son orientation cléricale, Jacques Perrier ne se serait pas vu enseigner, ne s'estimant pas assez patient, bien qu'il ait le goût de vulgariser, de rendre simple.

Mais l'apprentissage du grec et surtout du latin, qu'il maîtrise d'ailleurs toujours très bien, l'aura assurément beaucoup aidé dans son parcours et notamment au séminaire, quand les textes des Pères de l'Église ou de la liturgie n'étaient pas traduits en français. À l'époque nombre de séminaristes avaient fait lettres, alors qu'aujourd'hui s'y côtoient commerciaux ou informaticiens.

En France, le service militaire obligatoire était de 28 mois et il n'y avait pas de dispense pour les séminaristes, comme dans certains pays.

Ainsi, après sa troisième année, à mi-parcours, Jacques Perrier calcule bien son départ pour l'armée et quitte le séminaire du 5 juillet 1959 à la Toussaint 1961 : deux étés de perdus, mais il peut ainsi, dès son retour, faire sa rentrée de quatrième année au séminaire.

À l'armée, Jacques Perrier se sent finalement bien moins perdu que certains de ses camarades, déjà investis dans une vie professionnelle ou familiale. L'internat, le réfectoire, la vie communautaire, le règlement font partie de son quotidien de séminariste depuis trois années.

C'est la guerre d'Algérie, enfin à l'époque on parlait des « événements ».

Le sous-lieutenant Jacques Perrier se retrouve alors dans l'Oranais, la situation y est plutôt calme comparée à la Kabylie. Il n'intègre pas une section de combat, mais une unité qui fait du quadrillage et cherche des caches d'armes.

Jacques Perrier n'est vraiment pas fait pour la guerre. Toutes ses qualités dynamiques d'homme d'action, de dirigeant, d'organisateur, ne peuvent s'animer pour une telle cause. Aucune unité ne voulait le garder.

Jacques Perrier accomplit ses dix derniers mois du service militaire en France, ce qui lui permet, avant d'intégrer le séminaire à nouveau pour trois ans, un temps de réadaptation.

Les discussions politiques tenaient peu de place au Séminaire. Mais les lettres et les passages de ceux qui étaient en Algérie montraient bien l'ambiguïté des événements. Certains séminaristes, pour ne pas aller en Algérie, optaient pour la coopération, comme enseignants. Jacques Perrier n'a pas pris cette option et a préféré partager le sort commun de sa génération. Il n'a jamais été directement confronté à des cas de torture ni impliqué dans de véritables combats.

Ce qui ne l'empêche pas de penser que cette guerre fut une catastrophe, une tache dans l'histoire, notamment sur le plan moral, avec tant de jeunes confrontés au problème de la torture et l'abandon ignoble des Harkis. Quant à la commémoration du cessez le feu, une aberration, tant la sortie s'avéra honteuse !

Les séminaristes ne pouvaient pas prendre d'engagement religieux avant leur service militaire et, à leur retour, devaient attendre six mois.

Ainsi Jacques Perrier, à Pâques 1962, devient tonsuré, un premier engagement symbolique réversible. Puis un an après, sous-diacre, engageant au célibat. Et enfin diacre en juin 1963.

Le parcours classique avant l'ordination sacerdotale.

Ses six années de séminaire se révélèrent pour Jacques Perrier plus un passage obligé dans l'accomplissement de sa vocation, qu'un renforcement. Car n'ayant pas du tout la propension à y rester, il a dû se montrer persévérant, à l'épreuve de cette vie de communauté quasi monastique.

Un des facteurs encourageants pour la promotion de Jacques Perrier, à son entrée, fut la rencontre de leurs aînés de sept ans, ceux qui allaient quitter le séminaire. Leurs fortes personnalités ont, semble-t-il, favorablement impressionné les nouveaux venus.

Une formation somme toute permettant au Supérieur du séminaire de se demander : « Est-il fait pour ça ? Sera-t-il heureux ? Fera-t-il du bien ? »

Car pour faire du bien, il est essentiel d'être heureux.

Jacques Perrier paraît avoir toujours eu en lui ce goût du bonheur.

Ministères

L’aumônerie de la Sorbonne, mai 68

Enfin !

À la suite de plusieurs années d’études supérieures à la Sorbonne, une longue formation de six ans au séminaire de l’Institut catholique, entrecoupée de 28 mois de service militaire et de la guerre d’Algérie, Jacques Perrier est ordonné prêtre le 7 mars 1964.

Un jour attendu patiemment, laborieusement, avec au fond du cœur la perspective joyeuse et immuable de prendre le bon chemin.

Face aux renoncements inhérents, assurément peu faciles tout le long d’une vie, cet appel de l’enfance si clair et si fort ne pouvait se remettre en question, s’avérant un repère fixe et linéaire.

Si la vie monastique n’aurait pu convenir à son tempérament, la prêtrise s’annonçait pour lui comme un élargissement d’expérience, de rencontre, de disponibilité, en relation avec des familles, avec des enfants.

En outre, dans une famille nombreuse comme la sienne, les parents n’avaient pas ce souci de manquer de petits-enfants.

L’ordination a lieu en sa paroisse familiale de Saint-François-Xavier.

Ils sont deux. La célébration, présidée par l’archevêque de Paris, le cardinal Feltin, déjà âgé, s’avère sobre, très loin du grandiose des ordinations de la cathédrale Notre-Dame de Paris.

Au-delà de la simplicité du cérémonial, l’eucharistie, la litanie des saints, où l’ordonné reste allongé sur le sol, et l’imposition des mains resteront des moments très forts, sur le plan personnel et émotionnel.

Le tout nouveau prêtre est aussitôt appelé à l’aumônerie des étudiants de Paris (Lettres et Sciences). Il en connaît bien les lieux, son fonctionnement, son rayonnement, mais s'il avait eu à choisir, c'est certainement en une paroisse qu'il aurait préféré être nommé.

Heureusement, il n'est sujet ni aux regrets ni aux lamentations !

C'est Jean-Marie Lustiger, alors en recherche de jeunes prêtres pour l'aider à l'aumônerie, qui l'a demandé au coadjuteur de l'archevêque de Paris, Mgr Veuillot.

Aumônier depuis 1954 et successeur du père Maxime Charles en 1959, le père Lustiger n'avait peut-être pas manqué de repérer certaines qualités de Jacques Perrier, alors tout jeune étudiant très investi.

Le 1er juillet 1964, Jacques Perrier est donc nommé aumônier au Centre Richelieu de la Sorbonne.

La vie s'y annonce très rythmée, autour de groupes d'étudiants à guider vers un approfondissement de la foi et de la vie chrétienne, en différentes phases.

À la rentrée, il fallait accueillir les étudiants, créer des occasions pour les faire venir : affiches, tracts… La mentalité est assez militante.

Noël et toute sa préparation arrivaient vite.

Janvier se révélait le mois le plus difficile, entre l'arrivée du froid et le triste retour des vacances.

En février, des retraites de plusieurs jours étaient proposées, requérant un fort travail d'organisation, notamment la recherche de lieux en région parisienne susceptibles d'accueillir des groupes d'une quarantaine d'étudiants pour le week-end.

Puis venait le temps du Carême, suivi de la préparation du pèlerinage à Chartres, accaparant bien cinq semaines. Cette ancienne tradition, qui a connu un nouvel élan à la suite de Charles Péguy se rendant à pied de Paris à Chartres en 1912, avait pris beaucoup d'ampleur après la guerre.

Le père Charles s'était amplement investi pour ce pèlerinage, devenu le temps fort du Centre Richelieu. Les étudiants, pratiquants ou non, se voyaient très largement conviés à cette démarche de prière sur un thème différent chaque année.

Jacques Perrier se souvient encore des thèmes de ses trois années étudiantes : le baptême, la sainteté, la Pentecôte.

Il fallait marcher près de 36 heures pour gagner Chartres.

Sa cathédrale gothique et ses tours, extraordinaire vision, s'apercevaient déjà à 15 kilomètres à la ronde, semblant ainsi à la fois toutes proches, mais disparaissant et réapparaissant au gré de la marche : objectif merveilleux.

Arrivés à la cathédrale, le plus étonnant pour les étudiants s'avérait le passage à la crypte avec la prière à Notre-Dame de Sous-Terre, avant de remonter pour la messe, où chacun donnait d'inévitables signes de fatigue !

Les veillées du samedi soir, dans la nature, une prairie en pente dans le parc d'un château, restaient mémorables, notamment marquées par les baptêmes d'étudiants. Les adultes non baptisés se révélant encore rares à l'époque.

Après le pèlerinage de Chartres, il fallait se consacrer aux examens.

Puis en été, s'annonçait le grand pèlerinage pour la Terre sainte, se prolongeant alors tout le mois d'août.

Une destination essentielle dans le parcours de Jacques Perrier, qui lui a consacré un ouvrage : *Nous partons pour la Terre sainte,* édité aux Presses Universitaires de France en 1992.

Son premier pèlerinage date de 1955, alors qu'il était encore étudiant. Dès le second, en 1957, il s'est vu confier des responsabilités. Quant au troisième, en 1963, il venait d'être ordonné diacre.

À partir de 1964 et ce jusqu'en 2006, le père Perrier, toujours enthousiaste et volontaire, accompagne un groupe chaque été en

Terre sainte, approfondissant ainsi ses connaissances et son inspiration spirituelle.

Au centre Richelieu, une école sur la Terre sainte avait été instaurée, d'abord selon le père Charles, puis un peu modifiée par le père Lustiger. À leur suite, le père Perrier s'y est glissé en y apportant son intuition personnelle, et a guidé ainsi de nombreuses générations de pèlerins, heureux de cette transmission simplifiée et animée.

Les sept prêtres responsables du Centre Richelieu résident ensemble en un appartement du boulevard Saint-Germain et se retrouvent chaque jour pour déjeuner à 14 heures, après la messe de midi. Les soirées semblent plus libres, ils se rencontrent, échangent au gré de leurs fonctions respectives.

Les semaines s'enchaînent activement entre réunions de groupes, cours à préparer, suivi des étudiants.

Le père Perrier s'est vu chargé par le père Lustiger du journal catholique de la Sorbonne, *Tala Sorbonne* (en référence à ceux qui vont à la messe), lancé alors par le père Charles.

Rebaptisée ensuite *Paraboles*, cette publication s'avère un outil d'expression et de communication essentiel dans ce milieu étudiant, devenant au fil des ans de plus en plus gigantesque avec des effectifs toujours croissants.

La vente du journal se fait à la criée par des militants chrétiens, suivant le même mode que la publication communiste.

Bien avant d'en prendre la responsabilité, Jacques Perrier, alors jeune étudiant y collaborait déjà en écrivant des articles. Ainsi il connaît parfaitement les attentes de *Paraboles* et s'attache donc à rendre son contenu vivant et attractif, le faisant évoluer en organe de cohésion, malgré l'université de masse que devient la Sorbonne.

Le père Perrier dirige avec grand enthousiasme l'équipe de rédaction. La communication se révèle et se révélera un domaine où il excelle.

La première émeute de mai 68 se déclenche boulevard Saint-Michel, à proximité de la Sorbonne. Marxisme, anarchisme, libéralisme tout azimut…

Si aujourd'hui la vision en semble euphorique voire idyllique, Jacques Perrier conserve de ces quatre semaines de conflit un souvenir très violent. Bien que proche, l'aumônerie n'est pas visée.

Pendant les affrontements, les prêtres responsables du Centre Richelieu se démènent afin qu'elle reste un lieu de discussion et d'échange très ouvert.

Cette révolte, dernier signe d'une université forte, suffisamment vaillante pour faire une crise, semblait inévitable et ne surprend pas vraiment. Le Centre Richelieu peut s'enorgueillir alors d'être l'une des premières institutions à sortir un texte sur l'événement.

Au-delà des circonstances politiques, avec l'issue longue et douloureuse de la guerre d'Algérie qui a beaucoup remué le milieu étudiant, la structure universitaire battait de l'aile, sans plus de cohérence entre les jeunes perdus dans ce monde protéiforme ; rejetant alors en bloc de Gaulle et l'image d'un temps passé et révolu.

Quant à la forme idéologique, elle semble s'être révélée dans la facilité, les jeunes de 1968 ayant connu dans leur enfance les années de croissance de l'après-guerre et d'une longue sortie de guerre d'au moins dix ans.

Une terrible dépression suit, sans aucune traduction politique. Tout le monde s'est grisé de mots mais à la rentrée rien !

Une réforme est aménagée sous Edgard Faure, alors ministre de l'éducation nationale, et l'université ne redémarre qu'en décembre.

La réforme fait voler en éclats le célèbre établissement dans toute la couronne parisienne, en treize universités nouvelles. Les difficultés vont s'enchaîner et les inégalités de gestion accroître la fracture.

La Sorbonne perdra son attractivité et ne s'en remettra pas de longtemps.

En 1969, le père Jean-Marie Lustiger quitte la Sorbonne pour la paroisse Sainte-Jeanne-de-Chantal, dans le 16ème arrondissement de Paris, et cède ses responsabilités à Jacques Perrier en un climat des plus difficiles.

Le milieu étudiant se voit d'autant plus divisé avec la surenchère de l'extrême droite présente à l'université d'Assas (Droit).

Pour le nouveau dirigeant du Centre Richelieu, les effets de mai 68 s'accentuent entre 1972 et 1973, à l'arrivée des adolescents de 1968 à l'université.

Sans repères, éduqués dans le relâchement, ils refusent de s'engager, de prendre une quelconque responsabilité ; presque une ignominie dans leur mentalité, fondée sur la fameuse formule : « Il est interdit d'interdire. »

Un manque d'investissement tel que certains doutent de la pérennité du pèlerinage de Chartres, pourtant le point de convergence de toute l'année. Les efforts sont constants pour le maintenir et l'animer, tout comme le pèlerinage en Terre sainte et les retraites.

Mais plus rien n'est comme avant.

La population change et le système perd tout réalisme. Sans cadre, les étudiants se voient de moins en moins intégrés à la vie universitaire, et nombreux sont ceux à travailler réellement pour vivre. Les horaires de cours s'avèrent aussi beaucoup plus lourds, finissant tard le soir.

Le Centre Richelieu se démène pour conserver une unité. Il fait face à cette nébuleuse Sorbonne qui, en perdant tout son sens d'agrégation sociale, laisse peu d'espoir d'y construire une communauté chrétienne forte.

Ce climat des années 70 s'avéra également bien difficile pour les prêtres.

Le IIème concile œcuménique du Vatican, clos par Paul VI en fin d'année 1965, devait marquer une ère de renouveau pour l'Église catholique, s'ouvrant au monde moderne. Or en France, la crise de mai 68, survenue moins de trois ans après, aura perverti l'interprétation du concile, instaurant une forte zone d'incertitude pour tous. Un traumatisme pour certains.

De nombreux prêtres quittent leur ministère.

Aucun départ parmi les amis proches du père Perrier, mais plusieurs dans son équipe. Ce qui atteint et fragilise l'ensemble de l'aumônerie.

La cohérence semble bien difficile à maintenir, heureusement le dirigeant fait face. Jacques Perrier ne semble pas gagné par le doute, maintenu dans sa foi presque naturelle et renforcé par ses trois années étudiantes riches d'une vie en communauté et de prière, à la Sorbonne. Ses convictions fondamentales, sur le sacerdoce, la vocation, l'Église, ne sont pas atteintes. Mais comme les autres, cette épidémie le touche profondément.

Son tempérament se doit d'être exemplaire : agir, avancer, surtout ne pas se laisser dépasser.

La Sorbonne éclatée devient le Cep du nom du cep de vigne comme unité de formation et de ramification : un centre de formation sur la bible, la théologie et l'histoire. Les cours ont lieu tous les vendredis soir, et c'est le père Perrier qui se charge de la partie histoire. Il n'en a jamais fait mais se mobilise.

L'entreprise attire beaucoup de monde et redynamise le groupe.

Afin de renforcer l'image et la visibilité du Centre Richelieu, le père Perrier a l'idée d'une église paroissiale en partie dédiée aux étudiants. Saint-Séverin, située dans le quartier latin, semble idéale pour instaurer cette cohabitation. Les négociations s'engagent positivement, mais au tout dernier moment un refus intervient.

Un échec pour Jacques Perrier qui, concédant ne pas être un fin diplomate, attribuera ce revers à cette forme d'appréhension, survenue après 68, face à la jeunesse.

Mais l'intuition était bonne, puisque le cardinal Lustiger la reprendra à Saint-Germain-des-Prés en 1983.

Responsable du Centre Richelieu depuis 1969, le premier tiers de la décennie 70 s'est révélé rude pour Jacques Perrier, confronté au système en fuite. Les années suivantes auront fait place à la reconstruction, avec une nouvelle génération d'étudiants.

La force, comme la faiblesse du monde étudiant, semble son absence de tradition, puisque toujours en mutation. Et avec lui l'obligation de se renouveler, de proposer, de créer.

À partir de 1976, les effectifs remontent. La phase de décomposition semble passée, et Jacques Perrier peut enfin commencer à envisager son départ.

Il quitte la Sorbonne en 1979 après quinze années d'immersion dans le tumulte étudiant, à la fois riche et passionnant, mais éprouvant aussi à la longue, notamment dans ce contexte inattendu.

L'année de chômage

Une paroisse. Le plus beau ministère d'un prêtre selon Jacques Perrier.

Il en a le goût et désormais le besoin. À 43 ans, après avoir vécu dans la tourmente, il aspire à se retrouver dans une ambiance sereine, plus stable et régulière auprès des familles, de vivre une expérience communautaire forte et harmonieuse.

Mais décidément, il lui faudra attendre une année !

Comme il n'a encore jamais pris cette responsabilité, il demande modestement à être vicaire attaché à une paroisse. Or le responsable des nominations du diocèse lui propose d'être coadjuteur du curé de l'église de Saint-Ferdinand-des-Ternes pendant un an, avant de lui succéder.

Pas question pour lui de se voir ainsi soumis et attaché à une autre autorité. Si le père Perrier s'avère obéissant il ne peut se montrer servile, donc inefficace voire inutile. Pour s'épanouir et mettre toute son énergie en action, l'indépendance lui est indispensable. Et puis un an, c'est long !

Jacques Perrier refuse. Il en sera bien puni par la suite, car à Chartres comme à Lourdes, il débutera comme coadjuteur des évêques en titre.

Rien ne lui est proposé en échange. À l'époque, il n'y a pas la pénurie de prêtres que l'on connaît aujourd'hui.

Il se retrouve donc au chômage et cherche une paroisse qui pourrait l'héberger. Le père Perrier est alors accueilli par Jean de Divonne, un ancien camarade de séminaire, curé de Saint-Michel des Batignolles, dans le 17ème arrondissement de Paris. Pour la première fois, Jacques Perrier traverse la Seine, rive droite.

La chambre est minable : pas de douche, de toilettes, ni même de sonnette, encore moins de téléphone ! Primordial pour Jacques Perrier. De plus, située au-dessus d'une école : avec le vacarme des enfants arrivant très tôt, impossible de faire la grasse matinée !

Il prend vite parti de cet inconfort, relativisant sur la durée, un an finalement ce n'est pas si long... L'essentiel pour lui restant de conserver sa précieuse liberté d'action.

Quant à l'idée de retourner vivre chez ses parents, elle ne l'a pas effleuré. À son âge !

L'Institut des Hautes Études de la Défense Nationale s'attachait à réunir tous les ans près de 90 membres à débattre de la question. Parmi eux, des officiers, des fonctionnaires, des personnes issues du privé ainsi qu'un prêtre.

Avec le père Perrier au chômage, il semble que le choix des autorités diocésaines fut vite arrêté. Jacques Perrier accepta d'être ce prêtre pour la session 1979-1980.

L'Institut requiert de ses auditeurs une douzaine d'heures par semaine ainsi qu'une trentaine de journées en voyages d'étude.

Si le père Perrier se sent plus intégré en tant que représentant du clergé qu'à titre personnel, il s'intéresse, s'informe et apprécie ces échanges auprès de ses collègues. Les thèmes traités s'avèrent assez généraux. La défense nationale y est abordée de façon culturelle et diplomatique.

Jacques Perrier s'interroge alors sur la position de l'Église et se lance dans un grand travail de recherche. Il s'attache à dégager les alternatives proposées par celle-ci face aux conflits, tout en ne se cantonnant pas au concile Vatican II ni aux préceptes théologiques issus seulement de Rome.

Le sujet se révèle vraiment complexe, notamment sur le plan moral.

Il lit beaucoup de textes sur le problème du nucléaire : la France qui s'appuie sur la dissuasion, doctrine perverse à laquelle pourtant on ne peut renoncer, l'Église qui s'est toujours prononcée contre le nucléaire tout en adjoignant aux spécialistes de la guerre de protéger la population, les risques de dispersion nucléaire auprès d'états terroristes… La négociation prime sur toutes les théories, l'essentiel pour chacun étant d'éviter la guerre.

Pour Jacques Perrier le discours s'avère donc irréaliste, sans conclusion logique, mais il réunit tous ses travaux dans un mémoire : *Ce que l'Église catholique dit sur la guerre moderne, 1939-1980, positions et opinions.* Il envoie son manuscrit à une vingtaine de personnes qualifiées afin de connaître leur avis.

Trop humble et très critique envers lui-même, il considérera son recueil trop primaire pour une publication.

Le prêtre « chômeur » se voit donc très occupé entre les matinées passées à l'Institut, les après-midi consacrées à ses recherches en la bibliothèque des pères Rédemptoristes, établissement peu fréquenté boulevard Montparnasse, et les messes célébrées chaque soir à Saint-Michel des Batignolles.

Voilà qu'on lui demande en outre de se charger de la chapelle de la porte des Ternes et de son centre de documentation, dont le prêtre responsable vient lui d'être appelé à Sainte-Jeanne-de-Chantal pour succéder à Jean-Marie Lustiger, consacré évêque d'Orléans le 8 décembre 1979.

La chapelle de la porte des Ternes est située à côté de la paroisse Saint-Ferdinand-des-Ternes ; le père Perrier assure donc l'intérim pendant six mois.

Un prêtre libre et dynamique semble donc tout désigné pour le diocèse parisien !

Mi-avril 1980, la venue du pape Jean-Paul II à Paris est annoncée, et avec elle son souhait d'une rencontre avec les jeunes.

L'organisation en est confiée à Jacques Perrier. Aumônier de jeunes pendant 15 années, mobilisant plusieurs milliers d'étudiants pour le pèlerinage annuel de Chartres, qui mieux que lui peut inventer un tel événement ! Cela ne s'est jamais fait, excepté en Pologne, nation du pape qui fut également aumônier auprès de jeunes.

Il reste seulement 43 jours avant l'arrivée de Jean-Paul II. La rencontre avec les jeunes est prévue le 1er juin au soir.

Chez le père Perrier c'est l'effervescence. La mission s'avère lourde, et le temps de préparation très court. Des camarades sont appelés à la rescousse.

La petite équipe investit une salle du sous-sol de la chapelle de la porte des Ternes et y monte son P.C. avec des moyens plutôt artisanaux.

Quelle ébullition ! Aucun modèle sur lequel s'appuyer, il faut tout imaginer.

Par le biais d'une connaissance, Jacques Perrier obtient gratuitement le Parc des Princes, à l'époque le plus grand stade français, soit 50 000 places.

Les augures annonçaient 10 000 jeunes, grand maximum, à cette rencontre. Heureusement, le père Perrier s'est montré beaucoup plus optimiste, puisque finalement le Parc des Princes s'est révélé insuffisant. Nombreux furent ceux à rester à l'extérieur, peut-être 30 000.

En un tel climat, il est vrai que le pari semblait risqué. Depuis mai 68, les jeunes se sont massivement détournés de l'Église et les mouvements catholiques se sentent presque menacés.

Paul VI, pape de 1963 à 1978, plutôt âgé sur la fin de son pontificat, ne s'est pas montré très médiatique, n'inspirant pas pour l'Église une image de joie et d'ouverture, notamment avec la sortie en juillet 1968 de *Humanæ Vitæ*, encycliques sur la régularisation des naissances.

Pour l'Église de France, le voyage de Jean-Paul II en 1980 sonne l'ère du renouveau, grâce notamment au succès inattendu rencontré auprès de la jeunesse en ce Parc des Princes bondé. Une soirée inoubliable !

Au matin du 1er juin, il pleut, l'angoisse pour les organisateurs. Mais heureusement, le soir, les jeunes pénètreront dans le stade avec le soleil, accueillis par des chants et de la musique.

Ce sont les 15-25 ans qui ont été conviés, notamment par le biais de pré-inscriptions afin que les premiers ne soient pas les seuls à obtenir toutes les places. Jacques Perrier se doutait que certains secteurs, plus distants, finiraient par venir. Une intuition avérée exacte.

Par contre, un fonctionnaire de la mairie de Paris, qui avait exigé la moitié des places de la tribune d'honneur, a laissé 1 000 sièges vides face au pape. Quel effet ! Pour l'organisateur, furieux, pas de doute, l'acte se voulait délibéré !

Il était demandé à chaque jeune de porter 2 francs. Une petite participation pour une grande organisation, mais à peu de frais ; tellement bien qu'une partie de la somme récoltée était destinée à Jean-Paul II afin de servir un cas douloureux l'ayant particulièrement touché lors d'un précédent voyage.

En effet, entre le lieu prêté gracieusement et déjà sécurisé, le pape qui avait sa garde personnelle, la partie musicale confiée à quelques camarades de bonne volonté, les dépenses se sont avérées peu importantes, soit un peu d'imprimerie. Mais surtout beaucoup d'énergie.

Un événement impossible à organiser ainsi aujourd'hui. Entre l'argent que cela coûte et les exigences considérables de sécurité, une visite pontificale s'avère de plus en plus compliquée.

D'autant que désormais les médias occupent une place majeure dans le dispositif.

Les grands investissements scéniques se révèlent souvent superflus, l'essentiel, c'est l'ambiance, l'enthousiasme. Jacques Perrier le sait et il connaît si bien les jeunes, leur dynamisme et leur générosité, que son intuition est immédiate : il faut les impliquer concrètement afin d'engager et créer un échange avec le pape, qui doit leur apparaître proche et accessible.

20h30, la foule chante un entraînant *Alléluia* à l'entrée du pape Jean-Paul II dans le stade. Le cardinal archevêque de Paris, François Marty, l'accueille avec chaleur et humour.

Au milieu de la pelouse ornée d'une croix, une soixantaine de jeunes assemblent les pièces d'un grand puzzle symbolique.

Six jeunes vont successivement lire au pape des extraits de leurs lettres sélectionnées par l'hebdomadaire *La Vie* : des opinions très diverses sur lesquelles le pape est invité à réagir.

Le ressort de la manifestation s'avère la réponse du pape aux 21 questions posées par les jeunes à son intention. En fait, le questionnaire, préparé par Jacques Perrier, alternant interrogations spirituelles et concrètes, avait été soumis à un sondage préalable auprès des jeunes. Le tract d'invitation leur demandait d'en sélectionner seulement cinq avant de les soumettre au pape.

Il semble que l'information ait été mal relayée par les services romains, puisque Jean-Paul II, pensant que les 21 questions lui étaient posées directement par les jeunes, s'est appliqué à répondre à chacune d'entre elles en les regroupant méthodiquement, consacrant à cette tâche son dimanche après-midi de Pentecôte.

Un moment exceptionnel que ce discours du pape rédigé par ses soins et non comme souvent par ses services.

Une authenticité qui a fortement touché les jeunes au cœur, chantant, priant, dialoguant avec leur pape pendant plus de trois heures. Jean-Paul II est ravi.

La rencontre devait s'achever au plus tard à 23h. La télévision garde l'audience jusqu'à la fin de cette veillée extraordinaire, qui s'achève à minuit.

Jean-Paul II, alors attendu à Montmartre et se voyant en retard, lancera cette joyeuse phrase de sortie : « Ils vont penser que les jeunes ont dévoré le pape ! »

Pour le père Perrier l'épopée n'est pas encore finie.

Il avait été demandé à chaque jeune de porter une carte postale destinée aux jeunes Brésiliens, que le pape devait rencontrer, tout prochainement, à Belo Horizonte. Un symbole dynamique de fraternité chrétienne entre la jeunesse de deux continents.

Voilà que les sacs contenant les cartes postales des jeunes du stade parisien ont été oubliés par les services du pape.

Impossible de faire transporter ces 50 000 cartes ! Pas question non plus de renoncer à ce bel élan des jeunes Parisiens.

Suivant une de ses devises, « le plus simple, c'est de le faire », Jacques Perrier, aidé d'un camarade, n'hésitera pas à accomplir lui-même cette longue route en voiture, Paris – Rome, afin d'amener directement au Vatican les précieux sacs.

Dès son retour, le pape Jean-Paul II, dans une Interview de l'*Osservatore Romano* du 13 juin 1980, n'a pas manqué de témoigner toute sa satisfaction envers cet événement du Parc des Princes, qui lui aura vraiment laissé une forte impression : « La rencontre avait bien été préparée ; que ce soit par les jeunes ou par leurs organisateurs eux-mêmes. Il y a deux méthodes d'approche des jeunes : il faut leur parler de manière claire et il faut être toujours prêt au dialogue. C'est cela qui a prévalu lors de la rencontre avec la jeunesse française au Parc des Princes : nous sommes restés sur le plan du dialogue. »

Il paraît même que le pape, avant ses voyages, demandait : « Est-ce qu'il y aura un Parc des Princes ? »

L'idée des Journées Mondiales de la Jeunesse, les fameuses JMJ, instaurées à partir des Rameaux de 1984, aura peut-être germé en ce stade plein de promesses.

Saint-Ferdinand des Ternes

Décidément, Jacques Perrier ne doit pas être fait pour les vacances.

Après avoir été nommé aumônier de la Sorbonne le 1er juillet 1964, c'est également le 1er juillet de cette année 1980, seulement un mois après l'intense visite du pape à Paris, qu'il devient le curé de Saint-Ferdinand des Ternes : église du 17ème arrondissement, construite en 1938 sur deux niveaux.

Le quartier semble assez bourgeois, politiquement plutôt de droite, mais pas aussi aisé que dans le 16ème arrondissement, où d'ailleurs le père Perrier n'aurait pas souhaité être appelé.

C'est l'étonnant père Saillard, grand et robuste personnage en soutane, habit peu usité à l'époque, depuis l'autorisation du clergyman en 1963, qui accueille Jacques Perrier et lui présente son appartement, non sans une allusion ironique à ses fonctions antérieures à la Sorbonne : « Monsieur le curé voudra sans doute qu'on repeigne sa chambre en rouge ! »

Les deux hommes s'entendront très bien.

Ils sont sept prêtres à Saint-Ferdinand des Ternes : trois anciens, deux d'âge moyen et deux jeunes. La paroisse accueille un nombre important de pratiquants, près de 4 000, et parmi eux beaucoup de familles et des enfants. Huit messes y sont célébrées chaque dimanche.

Pour Jacques Perrier, tout se combine bien. Après une année très dense, il intègre Saint-Ferdinand en une période où la plupart des paroissiens prennent leurs vacances. Ainsi il peut calmement découvrir l'église et prendre toute la mesure de son ministère.

Et c'est donc lui qui accueille ses fidèles à la rentrée.

Saint-Ferdinand ne connaît pas de conflit, le climat semble serein et les énergies positives. Jacques Perrier y trouve des religieux et des laïques investis pour leur paroisse. En plus il y a de l'argent et, à l'époque, le curé se voyait beaucoup plus libre de ses finances.

En contact direct avec les familles, le père Perrier rencontre des personnes de tous âges et de toutes conditions. En peu de temps, il crée des liens qui s'avèreront solides, puisqu'il revoit et suit toujours avec bonheur certains de ses anciens paroissiens, plus de trente ans après.

Un milieu très différent de la Sorbonne, alors divisée, et de ses étudiants, très volatiles, dont les aumôniers ne rencontrent jamais les familles. Une tranche d'âge avec laquelle les relations ne peuvent être que temporaires.

Si le ministère lui paraît plus simple, presque sécurisant, Jacques Perrier s'attache à lui donner une impulsion nouvelle.

L'église de Saint-Ferdinand des Ternes se trouve au bord d'une avenue passante, situation idéale pour une communication directe.

Ainsi à l'approche de Noël, il n'hésite pas à installer sur la façade une longue banderole de près de 20 mètres de haut : « Noël, c'est Dieu qui sort de chez soi. » Formule un peu surprenante mais qui aura fait parler. C'est que la banderole verticale ne pouvait contenir que des mots de seulement cinq lettres !

Si c'est le père Perrier qui trouve les idées, c'est Cécile Picoux qui les met en œuvre.

Ils se connaissent bien. Ils ont déjà beaucoup travaillé ensemble dans les années 70 au Centre Richelieu. Cécile Picoux avait fait des études d'arts plastiques et se montrait très créative, consciencieuse, rapide, efficace. Jamais elle ne disait : « Ce n'est pas possible. »

Elle a réalisé notamment le logo de Radio Notre-Dame, puis celui de la catéchèse de Notre-Dame de Paris, ainsi que l'image de l'ordination épiscopale de Jacques Perrier, représentant le vitrail de Notre-Dame de la Belle-Verrière de Chartres.

Décédée à la suite d'un cancer, Jacques Perrier en sera très peiné. Il l'estimait beaucoup.

L'année suivante, deux banderoles, une verticale et une horizontale, avaient été aménagées afin d'offrir une plus large liberté d'expression à cette fameuse formule de Noël : « Dieu s'est fait homme pour que les hommes deviennent Dieu. »

Jacques Perrier monte sur les toits, suspend lui-même les banderoles, colle les affiches... Il fait même installer une crèche, montée sur roulettes, à l'extérieur de l'église avec l'intention de la rentrer chaque soir. Mais comme les sacristains l'oublieront dès la première nuit, elle y est donc restée et sans encombre.

Grâce à une intervention du père Saillard, il réussit également à organiser un chemin de croix avec une communauté de catholiques traditionnalistes dans le cadre de la Semaine de prière pour l'unité des chrétiens, en janvier. Une initiative peu commune et qui connaît un joli succès.

En outre, il fait aménager dans l'église une chapelle qui pouvait rester ouverte. Une notion d'ouverture très importante chez Jacques Perrier, dans cet appel à se tourner vers Dieu avec simplicité.

C'est l'époque où le père Perrier commence à s'occuper des autels, de leur agencement, leur construction ; il expérimente les gabarits, prépare des maquettes.

Dans sa vie, il aura refait de nombreux autels. Pour celui de la Grotte de Notre-Dame de Lourdes, il réalisera même une maquette grandeur nature.

À Saint-Ferdinand des Ternes, il se consacre également beaucoup au catéchisme, avec l'aide d'une religieuse, mais sans vraiment de méthode, recherchant le dialogue. Jacques Perrier apprécie cet échange privilégié avec les enfants et leurs familles. Pour lui, écouter sa conscience, c'est déjà écouter Dieu.

Alors qu'il rentre de Terre sainte fin août 1981, Jacques Perrier apprend, par hasard dans un journal, que Mgr Lustiger, désormais archevêque de Paris depuis le début de l'année à la suite du cardinal Marty, compte lancer une radio chrétienne.

L'information l'interpelle. De fait, il est convoqué très vite par Jean-Marie Lustiger qui lui en confie la mission, sans trop de discours, ni d'explication. Pour lui, il est évident que le père Perrier a toutes les qualités pour la mener à bien et il lui accorde son entière confiance. Au-delà de certains points communs, les deux hommes ont ce tempérament à ne pas s'expliquer trop longtemps, sinon autant le faire soi-même !

Voilà un nouveau challenge pour Jacques Perrier, qui prend très vite à bras le corps les opérations.

Ce n'est pas seulement le programme qui lui est demandé mais aussi l'installation et sa logistique. Il faut tout créer.

C'est l'époque de la légalisation des radios libres, mais il n'y a encore aucune législation sur les fréquences copieusement investies et donc peu fiables. C'est alors à celui qui sera le plus puissant.

Aidé sur le plan technique par le très compétent Michel Gravier, qui plus tard d'ailleurs se chargera de l'audiovisuel à la cathédrale de Chartres pour son ordination épiscopale, Jacques Perrier investit la basilique du Sacré-Cœur de Montmartre, tenue alors par Mgr Charles, pour installer l'émetteur.

Ainsi, Jacques Perrier lance la radio de Jean-Marie Lustiger chez Maxime Charles. Une belle symbolique autour de ces trois hommes de caractère, très liés, notamment par leur engagement successif au Centre Richelieu de la Sorbonne.

Radio Notre-Dame se veut thématique et non généraliste.

Jacques Perrier conçoit une heure de programme quotidienne comprenant un temps de prière et un thème. L'enregistrement passe en boucle huit fois par jour afin d'élargir son audience au plus grand nombre. Une programmation musicale complète les temps libres.

Lundi, histoire. Mardi, liturgie en la perspective du dimanche. Mercredi, catéchèse dédiée aux enfants. Jeudi, actualités internationales, avec un peu de politique et d'économie. Vendredi, l'Église à travers le monde. Le samedi était consacré à un invité.

Et tous les soirs de 23h à minuit : un direct.

C'est Jacques Perrier au micro. Si comme tout un chacun, il a dû s'approprier sa voix, il prend vraiment plaisir à interviewer. D'ailleurs il lui est aisé de trouver un invité chaque soir ; personne ne refuse de venir parler à Radio Notre-Dame.

À l'occasion d'une émission d'histoire, Jacques Perrier fait une bienheureuse rencontre : Robert Toussaint, secrétaire général des Éditions Fayard.

Il connaît beaucoup de monde et notamment de jeunes normaliens, ravis de présenter leur sujet d'étude. Robert Toussaint, travailleur, dévoué, désintéressé, fidèle, s'avère vite indispensable à Jacques Perrier, qui lui porte une grande amitié et apprend beaucoup de lui.

S'il apprécie ses profondes qualités d'action et de cœur, il admire certainement chez lui les vertus dont il n'a pas été aussi largement doté, comme sa patience, son sens de la persuasion, son côté relationnel et chaleureux. Un homme auquel Jacques Perrier affirmera devoir énormément.

À l'époque, il n'y avait pas de moyen pour connaître le taux d'audience.

Les conditions d'écoute sont mauvaises, mais ils se rendent compte que Radio Notre-Dame semble assez suivie, à la suite notamment d'une mauvaise information transmise et qui en a trompé plus d'un.

Un bon démarrage, mais pas sans peine.

Jacques Perrier s'est considérablement investi pour Radio Notre-Dame à partir de septembre 1981. Un trimestre pour la monter et beaucoup d'énergie pour la développer, depuis sa première émission datant du second lundi de janvier 1982.

Entre ses responsabilités à la paroisse de Saint-Ferdinand des Ternes et Radio Notre-Dame, la tâche devient vraiment lourde, malgré le soutien indéfectible de Robert Toussaint.

Les locaux de la radio ne sont pas trop éloignés de la paroisse, soit pour le père Perrier dix minutes en mobylette, mais il faut tenir l'antenne chaque soir jusqu'à minuit. Une fois il s'est même endormi ! Si l'intervenant devait être ennuyeux, Jacques Perrier était surtout surmené.

Fin septembre 1982, Robert Toussaint accepte de prendre la succession de Jacques Perrier.

Le 11 novembre 1982, au cours d'un repas, l'archevêque de Paris, Mgr Lustiger, lui explique le projet auquel il le destine : regrouper sous une même autorité la cathédrale Notre-Dame de Paris, la liturgie, le service de catéchèse et la formation.

À partir de ce jour, Jacques Perrier sait qu'il va devoir quitter Saint-Ferdinand des Ternes à la rentrée prochaine pour succéder à l'archiprêtre de la cathédrale Notre-Dame de Paris, Émile Berrar, curé et recteur très investi depuis 1967 et qui souhaitait en être déchargé.

Dans l'enfance et la jeunesse de Jacques Perrier, la cathédrale de son diocèse n'a joué aucun rôle. Ni sa paroisse, ni l'aumônerie du lycée, ni le Groupe de ballade des jeunes lycéens ne l'y a emmené. Elle aurait pu tant lui apprendre !

Un matin, venant de la gare d'Austerlitz et longeant la Seine, alors qu'il devait avoir 18 ans, il rentre dans la cathédrale et assiste à une messe si vite expédiée, qu'elle lui laissera un triste souvenir.

Plus tard, pendant les années de séminaire, jamais aucune visite n'aura été programmée. Les séminaristes étaient seulement convoqués aux Vêpres de Noël et de Pâques pour y chanter l'office, mais le maître de chapelle leur ordonnait de se taire !

Ainsi Jacques Perrier ne connaît pas la cathédrale. La beauté du lieu, le statut du monument l'impressionnent et l'attirent ; néanmoins renoncer à sa paroisse lui est difficile. Mais il a pris pour habitude de prendre toujours les choses du bon côté.

Jacques Perrier aura connu à Saint-Ferdinand des Ternes les trois plus belles années de sa vie.

Notre-Dame de Paris

Plus de 13 millions de visiteurs !

La cathédrale Notre-Dame de Paris se révèle le lieu touristique le plus fréquenté de France, devant la basilique du Sacré-Cœur de Montmartre, le musée du Louvre et la tour Eiffel. Les chiffres officiels sont bien moindres, car seule la montée aux tours est comptabilisée, puisque payante au profit des Monuments historiques.

La cathédrale, célèbre dans le monde entier, attire beaucoup les étrangers, venant même de pays très lointains, et qui se rendent aussi en masse en un lieu paradoxalement inconnu des Français comme des Parisiens : la chapelle de la Médaille miraculeuse, rue du Bac, dans le 7ème arrondissement, où la Vierge est apparue, en 1830, à Sainte Catherine Labouré, novice des Filles de la Charité. Cette « grotte » au cœur de Paris, à quelques rues du domicile de la famille Perrier, avenue Duquesne, se révèle également un haut lieu de pèlerinage international.

Symbole religieux de la nation française, la cathédrale Notre-Dame de Paris est la propriété de l'État, qui l'entretient, mais comme toute église, affectée au clergé catholique, elle se doit d'exercer le culte. Voilà toute la difficulté !

Comment faire respecter le silence, essentiel au recueillement, avec une telle surpopulation ?

30 000 visiteurs en moyenne et les jours d'affluence 50 000. Le dimanche et le lundi de Pâques peuvent atteindre les 60 à 70 000 personnes.

Impossible de limiter les entrées et pas question d'en faire payer l'accès. Quant à une fermeture temporaire, tollé assuré. Même pour les ordinations, programmées le dernier samedi de juin, où l'accès se voyait réservé, les gardiens des portes ne manquaient pas de se faire agresser.

Les recteurs successifs ont bien tenté d'isoler un lieu dédié à la prière, mais les tensions s'avèrent fortes entre ceux qui se pensent chez eux, car ils payent des impôts, et ceux qui se plaignent de ne pas voir ce lieu saint respecté, par la tenue, le comportement ou le bruit.

Face aux plaintes, non infondées, mais qui n'offrent aucune solution, la cathédrale aurait pu être abandonnée aux touristes et les pratiquants rabattus en la sacristie.

Jacques Perrier de rappeler aux contestataires que les églises ne peuvent être comparées aux mosquées, citées souvent en exemple par ceux-là même qui considèrent tout musulman comme un islamiste radical. Les cathédrales ont toujours été des places publiques, ouvertes et bruyantes. Ainsi pour se protéger, les chanoines entouraient leur chœur d'un mur de clôture.

En outre, pour certains, que le silence inquiète, ce brouhaha de fond peut s'avérer sécurisant, même plutôt propice à la spiritualité, et favoriser donc une démarche religieuse. Ainsi, parmi la foule anonyme, nombreux sont-ils à recevoir la grâce de Notre-Dame.

Les personnes recherchant vraiment le calme se voyaient invitées à se rendre à Saint-Gervais, église paisible située non loin de Notre-Dame.

Dès son arrivée en la cathédrale, le père Perrier adopte, comme il le fera ensuite à Chartres puis à Lourdes, l'expression de visiteur, en référence à la Visitation. Ainsi, pas de dualité entre le bon fidèle et le mauvais touriste, terme déjà péjoratif ; l'essentiel étant que ce temps passé à Notre-Dame soit pour chacun une rencontre, si ce n'est avec Dieu, au moins avec le message de ceux qui croyaient en Dieu.

Une notion essentielle dans les différents et futurs ministères de Jacques Perrier, afin d'accepter et accueillir au mieux les foules, dans cet esprit de tolérance et d'ouverture envers ceux dont les motivations peuvent s'avérer très diverses ; notamment à Notre-Dame qui attire tant d'admirateurs experts de ses somptueuses rosaces du XIIIème siècle et autres innombrables richesses architecturales !

À Lourdes, certains comportements, sans être irrévérencieux, peuvent bien sûr étonner. Mais c'est une saine curiosité religieuse qui guide les visiteurs à entrer dans les sanctuaires, tandis qu'à Notre-Dame, souvent bastion de revendications pré-journal de 20 heures, il faut faire face à des actes de provocation délibérés, notamment d'événements organisés à seule fin d'agiter les médias, comme par exemple le mariage homosexuel. Il ne s'agit donc plus là de visiteurs mais de manifestants.

Jacques Perrier, rompu aux rebelles de mai 68, s'avérera bien difficile à impressionner.

S'il bannit le terme de touriste, il bannit également celui d'archiprêtre.

Contre ce dernier : le souvenir d'une chanson de Jacques Brel évoquant « l'archiprêtre qui radote au couvent ». Une façon de se prémunir contre toute forme de vanité !

Pour le tout-venant, le curé de Notre-Dame de Paris se voyait presque considéré comme l'égal de l'archevêque. Or la cathédrale, c'est bien l'église de l'archevêque, en l'occurrence Jean-Marie Lustiger, créé cardinal le 2 février 1983 par Jean-Paul II, dont le curé, également recteur, dépend.

Les titres honorifiques ne semblent jamais avoir eu prise sur Jacques Perrier, porté lui dans sa foi par le sens de l'utilité et du service.

Quant à l'image répandue de l'éminent organisateur de cérémonies dédiées aux grands de ce monde, elle se révèle fausse, d'autant plus pour le père Perrier qui, pendant les sept années de son ministère à Notre-Dame, n'a eu à souffrir d'aucun décès de pape ou de président de la République.

Le cardinal Lustiger tenait beaucoup à la cathédrale Notre-Dame de Paris. Il voulait qu'elle soit la plus belle et la meilleure des églises. S'il ne devait en rester qu'une en France, cela devait être elle : aussi admirable dedans que dehors, avec une liturgie parfaite et des chants parfaits.

Ce fort attachement pour la cathédrale ne lui faisait pas négliger les paroisses du diocèse de Paris, dont le territoire était souvent trop vaste et la population trop nombreuse. Jean-Marie Lustiger a favorablement œuvré pour construire des églises ou transformer des chapelles.

En outre, Jacques Perrier se souvient de son opiniâtreté pour réhabiliter le collège médiéval des Bernardins, confisqué à la Révolution puis transformé en caserne de pompiers. Déjà en 1964, quand les aumôniers de la Sorbonne se retrouvaient pour déjeuner boulevard Saint-Germain, Jean-Marie Lustiger, qui passait tous les jours devant les Bernardins, arrivait agacé, criant au scandale !

Malgré force oppositions, il a réussi à récupérer le lieu en 2001 avec le projet de lui donner une triple dimension de rencontre, de culture et de formation. L'ensemble aura été inauguré en 2008 par le pape Benoît XVI, en l'absence de son principal défenseur, décédé le 5 août 2007.

Pour conduire sa cathédrale, l'archevêque a besoin d'un homme de confiance.

Jean-Marie Lustiger et Jacques Perrier ont dix ans d'écart. Ils se sont connus à la Sorbonne : l'un déjà prêtre et le second jeune étudiant. Devenu responsable du Centre Richelieu, Jean-Marie Lustiger fera appel au tout nouvel ordonné Jacques Perrier.

Plus tard devenu archevêque de Paris, il lui demandera de fonder Radio Notre-Dame et quand il s'agira de remplacer Émile Berrar à la cathédrale, il pensera aussitôt à lui, estimant qu'il comprendrait son intuition et s'avérerait un réalisateur fidèle.

En outre, pressentant que Jacques Perrier avait peu d'inclination pour les conseils et autres réunions, Jean-Marie Lustiger s'attachera dans le futur à les lui faire éviter.

Le curé Perrier emménage en un édifice de style faussement médiéval, bâti entre la cathédrale et la Seine, trop proche de l'une comme de l'autre pour pouvoir en apprécier quelque vue, contrairement à l'idée que l'on pouvait s'en faire de l'extérieur.

Au rez-de-chaussée, sont établis le gardien du monument historique et sa famille.

Au premier étage, l'appartement du curé ainsi que son secrétariat. De fait, l'intimité se fait rare et interdiction d'être malade ! Bienheureusement, la santé robuste de Jacques Perrier pouvait se targuer d'une dernière journée alitée datant de 1954, ultime grippe de jeunesse à 17 ans.

C'est en cet espace communautaire que les prêtres se retrouvaient pour déjeuner.

Au second, un service de comptabilité et d'administration et quelques pièces attribuées au prêtre chargé du centre d'information, le père Fournier.

Le nouveau curé choisit de célébrer la messe le soir à 18h30, une heure qu'il affectionne particulièrement, mais aussi une façon d'éviter tous les cocktails et autres invitations reçues eu égard à ses fonctions. La corvée pour lui que ces mondanités, qu'il considère vraiment comme inutiles et surtout futiles.

Dans toute l'expression de son être, c'est la simplicité qui le caractérise. Et le temps s'avère beaucoup trop précieux pour cet homme toujours en mouvement.

De fait, Jacques Perrier est très occupé dans ce vaste ensemble, dont il doit prendre toute la mesure.

Son prédécesseur avait su créer une ambiance liturgique s'accordant harmonieusement avec son cadre, le style « Notre-Dame de Paris », grâce à la complicité de deux hommes remarquables : Jehan Revert, enfant de la Maîtrise de la cathédrale, et Pierre Cochereau, célèbre organiste titulaire au grand orgue de la cathédrale, improvisateur génial, qui a inventé les fameuses auditions du dimanche après-midi. Aux deux extrémités de la cathédrale, l'un au chœur, l'autre à la tribune, ils se répondaient sans se voir.

Successeur du cardinal Marty en 1981, Mgr Lustiger apporta sa touche personnelle à la liturgie de Notre-Dame avec le souci de la beauté et de la lisibilité des signes. Il réaménagea l'espace du chœur et commanda un nouveau mobilier.

Tous les dimanches soirs de l'année scolaire, l'archevêque célébrait la messe et prêchait.

Après l'avoir introduit, le père Perrier écoutait souvent ses sermons.

Jean-Marie Lustiger était plutôt un verbal ; il n'a jamais vraiment écrit lui-même. Ses publications sont toutes issues d'interviews ou de reprises de sermons et discours.

Ceux qui ne l'avaient pas connu étant jeune, avant qu'il ne devienne l'archevêque de Paris et cardinal proche du pape, se montraient très impressionnés par sa classe intellectuelle très supérieure. Un être d'exception, doté d'une culture si riche qu'il faisait presque peur à ceux qu'il surplombait. Peut-être une des raisons pour laquelle d'ailleurs il n'a jamais été élu président de la Conférence des évêques de France.

Notre-Dame de Paris compte alors seulement sept prêtres : Jacques Perrier ainsi que trois autres pères, attachés au service de l'accueil chaque jour, de l'ouverture à la fermeture de la cathédrale, deux responsables de la musique et un affecté au centre d'information. Le rôle de chacun s'avère bien défini.

Pas de répit pour le curé Perrier. Le ministère principal, à Notre-Dame, repose sur l'accueil et la confession. Une tâche ingrate et fatigante en cette atmosphère troublée par le bruit et les agitations de la foule.

Il faut se montrer ouvert et disponible envers des personnes qui, à leur entrée en la cathédrale, ne pensaient même pas aller y trouver un prêtre, et que l'on ne reverra pas forcément. Sans compter quelques dérangés. C'est l'effet cathédrale, Moyen-Âge, Paris ! Ils existent mais ne sont vraiment pas représentatifs.

En aube et étole, le prêtre attend dans cette chapelle dédiée à l'accueil, dont la paroi de verre, la séparant de la circulation des visiteurs, se révèle transparente. Or certains regards peuvent se montrer indiscrets. Et si la vitre est voilée, la chapelle se fait peu avenante, comme fermée.

Une difficulté à laquelle Jacques Perrier va aussitôt pallier, grâce à un ingénieux et artisanal système de bandes translucides.

La cathédrale se révèle un immense et complexe espace de circulation entre les transepts, le chœur, que les visiteurs traversent, et une multitude de chapelles dédiées aux saints, aux confréries et aux sacrements.

Comme beaucoup de monuments, Notre-Dame de Paris n'a pas été édifiée pour accueillir tant de visiteurs.

Les foules déambulent. Les groupes suivent et perdent leurs guides, dont les voix perçantes et autoritaires gênent tout le monde. L'ambiance se prête peu à la contemplation et de fait, certains se montrent plus intéressés par les extincteurs !

Jacques Perrier, désireux de donner un sens à la visite de Notre-Dame, initie une signalétique particulière pour se repérer et pour comprendre. Son constat se veut élémentaire, si l'on ne donne pas d'explication, les visiteurs ne peuvent pas savoir.

Il agira de même aux sanctuaires Notre-Dame de Lourdes.

Pour lui, on ne commence jamais d'assez bas. Si les thèses de doctorat abondent, simplifier ne s'avère pas le plus aisé. Le terme de vulgarisateur paraît à Jacques Perrier un titre des plus élogieux.

Si l'atmosphère bruyante de ce lieu saint afflige, en contrepartie nombreux sont ceux à accomplir une démarche spirituelle, puisque, selon les relevés, une personne sur dix y déposerait un cierge.

À Notre-Dame, un fond sonore doux, musique ou chant religieux, qui habituellement apaise, se révèle absolument inefficace.

Lors des célébrations, du chœur tout semble se passer au mieux. Pour Jacques Perrier, pas question de s'en satisfaire : pour prendre la vraie mesure d'une cérémonie ou d'une procession, il faut se placer en queue. En tête cela paraît toujours bien.

Aussi, il n'hésite pas à circuler dans le fond avec un regard objectif ; et là quel désordre !

Un jour de Pâques, après avoir introduit l'archevêque, le père Perrier s'est mêlé à la foule et a même dû jouer des coudes pour accéder à la communion.

Noël s'avérait une telle foire, qu'une année, afin de mettre un peu d'ordre, il a organisé l'entrée sur présentation de billets gratuits, mais les billets se sont revendus !

Quant aux célébrations sur le parvis, à Pâques, à la Pentecôte ou au 15 août, leur organisation se révélait toujours aléatoire, sous dépendance de la météo, avec un surcoût financier important.

Notre-Dame, avec sa dimension cathédrale, n'a jamais pu s'organiser comme une paroisse, offrant célébrations et services ordinaires. Un mariage ou un enterrement en pleine journée relevait de l'exploit tant le monument était fréquenté.

Une ordonnance datant de 1967 avait ôté au chapitre des chanoines la responsabilité de la paroisse de la cathédrale au profit de l'archiprêtre Berrar. À l'arrivée de Jacques Perrier, en 1983, elle compte environ 2 300 habitants, résidant d'une part dans l'île de la Cité, entre Notre-Dame et le Palais de Justice, et d'autre part le long de la Seine sur le quai de la rive gauche.

Les paroissiens se sentent lésés et exclus, d'autant que leur existence habituelle ne se joue pas sur l'île de la Cité, qui ne compte que quelques magasins à ses alentours.

Ainsi pour la messe de minuit, le père Perrier a l'idée de leur réserver des places sous présentation d'une facture d'électricité afin d'éviter les fraudes. Un grand succès : un millier de paroissiens, heureux de ce geste de considération, s'y sont retrouvés.

Jacques Perrier n'était vraiment pas favorable à cette forme impossible de paroisse cathédrale. D'ailleurs, en 1995, le cardinal Lustiger la supprimera et répartira les habitants dans deux églises proches.

En ce climat pesant et bruyant, il n'est pas étonnant que Jacques Perrier, alors quinquagénaire, éprouve le besoin de se ressourcer.

Direction les monts enneigés, le calme. Il n'a jamais fait de ski et veut savoir s'il en est capable.

Une rare liberté qu'il s'octroie enfin.

Il connaît un peu la montagne. Lorsqu'il était aumônier à la Sorbonne, lors des vacances d'été, un collègue prêtre l'avait initié dans les Alpes. Un homme qui se révélait très sûr et en qui Jacques Perrier avait grande confiance.

Voilà donc qu'il se rend en Suisse secrètement et se lance sur les pistes de ski.

Il prend des cours, apprend vite, puis s'adonnera régulièrement à ce plaisir de la glisse en ces superbes paysages enneigés.

À Chartres, il se réservera chaque année une semaine pour skier dans les Alpes. Par contre, à Lourdes, avec les stations si proches, jamais il n'expérimentera les pistes pyrénéennes. Probablement trop occupé par ses fonctions ou par le fait justement de cette proximité qui fait attendre toujours le meilleur moment : quand il fera beau… Et puis finalement on n'y va jamais !

À Notre-Dame, Jacques Perrier est très pris par le service de la cathédrale, entre le culte quotidien, les visiteurs, l'accueil des prêtres, les célébrations et les ordinations, peu par la liturgie, mais beaucoup par la formation, à laquelle il consacre toutes ses soirées auprès de personnes engagées dans le diocèse.

Toujours dans l'action, même intellectuelle, il lui est plus aisé de parler que d'écouter.

Au Centre Richelieu, puis à la paroisse de Saint-Ferdinand des Ternes, il a toujours beaucoup prêché, s'obligeant à enrichir et préciser sa pensée. Indirectement, la prédication s'est révélée source d'approfondissement et de renouvellement. Assurément la meilleure des formations.

Jacques Perrier se nourrit par la transmission. Pour lui, ce n'est pas « je reçois » ou « je donne » mais un échange.

Les rencontres, d'une vingtaine de personnes, avaient lieu à proximité de la cathédrale.

La formation portait sur deux domaines : l'un biblique et le second théologique. Jacques Perrier intervenait sur la partie théologique mais assistait également aux séances du formateur biblique, qui faisait de même. Ainsi, sans pourtant intervenir dans l'enseignement de l'autre, ils pouvaient accorder leurs cours en un travail interactif.

La formation a duré sept ans. Une mission importante à laquelle Jacques Perrier consacrera beaucoup d'heures et d'énergie en plus de son fort investissement à la direction du service de la catéchèse.

Grâce à la détermination d'une religieuse de l'Assomption, Myriam Selz, Jacques Perrier se lance, avec le soutien d'une petite équipe dynamique plutôt féminine, notamment Martine de

Virville, Marie-Françoise Georges-Picot et Anne Mayol, dans un vaste projet d'écriture à l'intention des enfants, parents et animateurs.

Si tu savais le nom de Dieu, un titre générique pour un ensemble de huit ouvrages de niveaux différents : l'éveil à la foi, les cinq classes de primaire du CP au CM2 et les classes de 6ème et 5ème.

Pour les plus grands : *Jésus, qui est-il ? Théophile mène l'enquête* suivi de *Dialogues avec Théophile.*

Ainsi qu'une série de livrets thématiques d'accompagnement tel le baptême, la communion, la messe ou le pardon.

Un support devenu indispensable.

Jacques Perrier estimait alors que l'essentiel dans la catéchèse ce sont les personnes, leur contact, leur intuition personnelle. Mais cette transmission, ce témoignage de vérité ne se révèle pas toujours évident. Il est sûr que la foi ne peut s'enseigner comme une matière scolaire, mais les catéchistes ont besoin d'un contenu, d'une substance concrète puisée à la source des paroles de Dieu.

Un travail considérable de réflexion, de recherche, d'écriture, d'expérimentation et de présentation, requérant beaucoup de temps, d'autant que les locaux du service de la catéchèse étaient plutôt éloignés de la cathédrale, soit plus de dix minutes en mobylette pour le père Perrier afin de gagner la rue de la Ville-l'Évêque dans le 8ème arrondissement, près de la Madeleine.

Tellement bien que lorsque Jacques Perrier quitte Paris pour Chartres, l'ensemble n'est pas achevé. Mais il reviendra très souvent afin de mener à terme ce projet.

Ce n'est qu'au début de l'année 1990 que le curé de Notre-Dame de Paris pressent un changement.

Le cardinal Lustiger s'attache à le décharger peu à peu de ses fonctions, pourvoyant à son remplacement à la catéchèse et à la formation.

Jacques Perrier se doute de quelque chose, mais n'est au courant de rien. C'est que le système s'avère très discret.

De fait, mi-mai, il reçoit une convocation de la nonciature.

À certaines périodes données, les évêques doivent transmettre une liste de prêtres susceptibles d'accéder à l'épiscopat. Pas de candidature annoncée, de recommandation ou d'intrigue.

La liste reste secrète, offrant toute liberté, tant à celui qui l'établit, qu'à celui qui sera choisi. Ce dernier peut refuser sans que personne n'en ait connaissance et ne porte donc pas le poids de ce renoncement. Quant aux non élus, ils n'en savent rien non plus. Ainsi pas de dépit !

Afin de pourvoir à l'évêché de Chartres, le nonce a recueilli trois noms, soumis à la congrégation des évêques qui se doit de nommer le mieux qualifié, Jacques Perrier en l'occurrence.

Le délai de réflexion est court : deux ou trois jours pas plus pour donner sa réponse.

Il accepte, car il ne trouve aucune raison de refuser. Mais il connaît déjà bien Chartres et prendre la charge du diocèse ne l'enthousiasme pas outre mesure.

La nomination est immédiate.

Mais avant de se voir publiée et donc effective, il faut attendre l'avis du gouvernement français, qui peut émettre certaines objections, comme par exemple s'il découvre que le prêtre s'est montré pétainiste pendant la guerre ou s'il mène une double vie. Il a un mois pour éventuellement mener une enquête. Si à la fin de cette période, le gouvernement ne se manifeste pas, les autorités ecclésiales considèrent qu'il consent.

Pour Jacques Perrier, la publication fut un peu retardée, alors qu'il avait organisé une petite célébration pour ses proches à l'église

Saint-Séverin, celle avec laquelle il voulait d'ailleurs faire alliance quand il était aumônier de la Sorbonne.

La nomination a été publiée deux jours après.

Mais tous le savaient déjà, puisqu'ils lui ont offert une voiture pour se déplacer à Chartres. Et comme elle ne pouvait être introduite dans l'église, ils lui ont d'abord présenté la miniature.

La première petite auto de sa future collection, car depuis s'est instaurée la sympathique attention de lui en offrir.

Des cadeaux qui l'amusent beaucoup, notamment celle estampillée de la marque d'eau pétillante Perrier et celle dont il est le plus fier, dénichée à Monaco, la papamobile modèle réduit.

La consécration à Chartres

Difficile de quitter sa ville et quelle ville !

Jacques Perrier aime Paris, qu'il prétend mal connaître, comme la plupart des Parisiens.

Il apprécie la situation de Notre-Dame en cette île au cœur de la cité, en relation avec la nature, entourée des deux bras de la Seine.

Il affectionne surtout la Seine : longer ses berges sinueuses, en quelques passages encore accessibles aux promeneurs, traverser ses ponts... Un grand charme.

Mais Chartres n'est pas si loin. En une heure, il pourra gagner Paris, retrouver l'ensemble de son réseau relationnel, ses proches et en particulier ses parents, qu'il ne manquait pas de visiter chaque semaine.

Il sait d'ores et déjà que sa charge d'évêque ne lui permettra pas d'établir les mêmes liens amicaux en son nouveau diocèse. Les relations se devinent inévitablement moins simples que celles d'un curé avec ses vicaires.

L'été 1990 lui permettra une favorable transition. Nommé évêque coadjuteur de Chartres le 22 juin, auprès de Mgr Kuehn, Jacques Perrier reste administrateur de Notre-Dame de Paris durant les mois de juillet et d'août, célébrant même la messe du 15 août. Ainsi en cette période, il multipliera les allers-retours entre ses deux cathédrales, et pas des moindres !

Le 16 septembre 1990 s'annonce un grand jour pour Jacques Perrier mais aussi pour Chartres. L'ordination d'un évêque pour un diocèse s'avère un événement fondamental, notamment par sa densité sacramentelle. Aussi les responsables ne lésinent pas sur les moyens, installant même de grands écrans sur les bas-côtés en une époque où cela se faisait encore peu.

Une très belle assemblée se voit réunie en la majestueuse cathédrale. Outre le diocèse de Chartres, ils sont venus en grand nombre de Paris.

Toute la famille de Jacques Perrier est là, notamment sa mère, son père alors âgé de 94 ans, mais qui se porte encore assez bien, ses frères et sœurs, ainsi que tous ses neveux et nièces.

Sont également présents, le préfet, le maire, le président du Conseil Général et le président du Conseil Régional, alors proche du diocèse, de bords politiques différents et assis côte à côte.

Le cardinal Jean-Marie Lustiger préside la célébration.

En cette impressionnante cathédrale, l'intensité émotionnelle et spirituelle se révèle extrême pour Jacques Perrier.

Comparée à l'ordination sacerdotale en l'église Saint-François-Xavier où ils étaient deux, la dimension prend une tout autre densité. En outre, suivant le rituel de la consécration épiscopale, l'évêque ordonné préside la fin de la liturgie. Ainsi Mgr Lustiger et Mgr Kuehn deviennent ses concélébrants. Il faut pouvoir en apprécier la teneur tout en dominant la tension.

Jacques Perrier avait souhaité prononcer ses paroles de remerciement sans support écrit. Risqué mais beaucoup plus vivant !

C'est qu'à Notre-Dame de Paris il a appris à gérer l'ampleur d'une cathédrale. Il s'est donné une consigne : surtout ne pas regarder les premiers rangs. Parler pour le fond de la cathédrale.

De fait, peu se portaient volontaires pour affronter les imposantes assemblées de Notre-Dame, ce point de départ de toutes les routes de France.

Si Jacques Perrier affiche une belle et solide assurance en public, dans la vie privée il avoue une forme de confusion. Du genre à acheter une paire de chaussures beige alors qu'il en voulait une noire.

Difficile à croire ! Réservé, pudique assurément, mais timide ?

Ce manque de confiance, certainement très relatif, ne se manifesterait donc que hors de son chemin de foi, en un quotidien distant et détaché.

Jacques Perrier, appelé tout jeune à la vie religieuse, a grandi dans cette évidence, élevé par sa foi comme partie intégrante de sa personne. Il porte le Christ en lui.

Il n'a pas cessé d'être diacre en devenant prêtre et n'a pas cessé d'être prêtre en devenant évêque. Plus qu'une fonction, la vie ecclésiale est sa vie.

D'ailleurs, s'il a dû faire face à certains renoncements, il n'a jamais eu à remettre en cause sa vocation ou l'orientation de celle-ci, malgré tous les bouleversements de l'Église et de la société. Pour lui, l'Évangile, ce message toujours actuel du Christ, reste le même et son existence s'abreuve à la révélation de Dieu comme Père, Fils et Esprit-Saint.

Après son ordination épiscopale, Mgr Perrier se voit peu occupé en tant que coadjuteur à Chartres. Mgr Kuehn, qui venait de subir une crise cardiaque, semblait bien se remettre et ses deux vicaires généraux le soutenaient dans son ministère. Le diocèse fonctionne ; et, de fait, on ne demande pas son avis au nouveau venu.

Le clergé semble bien éloigné du monde de l'entreprise ou des services de l'État. Sans cahier des charges, d'obligation de réussite, d'objectif à atteindre, il n'exerce aucune pression sur les tempéraments, chacun faisant comme il peut. Si un prêtre effectue seulement ce qui lui est demandé, il ne se trouvera pas débordé.

Pour Jacques Perrier, désœuvré à Chartres, pas question de rester dans l'inertie. L'attente, le repos voire l'ennui lui sont des notions totalement étrangères.

Jacques Perrier peut ainsi poursuivre tout naturellement ses travaux d'écriture au service de la catéchèse à Paris, afin d'achever la collection.

En outre, il se lance dans la rédaction d'un livre : *Visiter une église.* Projet collectif à la base, qu'il a finalement volontiers conduit lui-même, dans l'idée de transmettre aux visiteurs, mais surtout aux guides, les clés des édifices chrétiens, afin qu'ils comprennent mieux le sens de ce qu'ils voient et de ce qu'ils présentent à leur groupe.

À Notre-Dame de Paris, Jacques Perrier avait pris conscience de l'ignorance religieuse des guides, par ailleurs très forts en histoire de l'art et architecture. Son ouvrage se voulait une contribution à la culture chrétienne sans laquelle les maisons de Dieu restent des énigmes.

Visiter une église, publié chez Bayard en 1997 et réédité en 2003, a connu un beau succès.

Mgr Kuehn quitte Chartres en avril 1991. Il célèbre une dernière messe et le coadjuteur prend fonction, sans cérémonie particulière.

Le diocèse, qui compte un peu plus de 400 000 habitants, couvre le département de l'Eure-et-Loir, entre les provinces du Perche et de la Beauce. Cette dernière est souvent présentée comme le grenier à blé de la France et ses propriétaires de fortunés exploitants agricoles. C'est que le blé, c'est l'argent.

Cette réputation du riche Beauceron s'est certainement vue accentuée par l'image emblématique de sa cathédrale et par l'influence de Charles Péguy, dont le célèbre poème « La présentation de la Beauce à Notre-Dame de Chartres » témoigne de tout son attachement.

Entre les immenses étendues de terre et les impressionnants engins nécessaires à leur entretien, le patrimoine de la Beauce s'avère effectivement très visible, mais requiert beaucoup d'investissement à la fois humain et financier.

Au-delà de la culture céréalière, l'Eure-et-Loir est liée économiquement au développement de la région parisienne avec l'implantation de grandes entreprises, comme notamment les établissements Philips à Dreux, seconde ville du département après Chartres, qui a connu une forte immigration, suivie de grandes vagues de chômage à partir de la désindustrialisation de ceux-ci.

C'est à Dreux que le Front National a remporté ses premiers succès électoraux avec les époux Stirbois.

La population musulmane s'avérait donc importante, mais pendant les sept années de Jacques Perrier au diocèse de Chartres, cette altérité religieuse n'a posé aucun souci, le maire faisant en sorte alors que chacune des communautés musulmanes puisse bénéficier de locaux adaptés.

Pour le nouvel évêque, la difficulté vient d'une tout autre affluence immigrante. Une problématique qui l'interpelle dès son arrivée.

Considérant l'extrême densité de population de la capitale et de son agglomération, toujours croissante, l'ensemble de la région parisienne s'est réorganisé : la petite couronne, constituée des trois départements limitrophes de la ville, soit les Hauts-de-Seine, la Seine-Saint-Denis, le Val-de-Marne ; la grande couronne couvrant la Seine-et-Marne, Les Yvelines, l'Essonne et le Val-d'Oise. Quant aux départements situés au-delà, notamment l'Eure-et-Loir, dont le nombre d'habitants ne faisait qu'augmenter, ils forment la troisième couronne.

Une heure de train pour gagner Paris depuis Chartres. Nombreux, attirés par l'idée d'une qualité de vie meilleure et l'acquisition d'une maison à moindre coût, n'ont pas hésité.

À la différence des villes nouvelles, qui voyaient le jour en Île-de-France, les lotissements se greffaient sur les villes existantes, déjà ancrées en leurs us et coutumes ; ce qui engendrait une forte disparité entre les anciens et les nouveaux résidents. Ces derniers, qui travaillent cinq jours par semaine et se lèvent très tôt pour faire la navette, ne recherchaient que la tranquillité et ne visaient guère l'intégration, fuyant presque toute action collective.

Les seules relations qui pouvaient éventuellement, mais faiblement s'établir, émanaient de l'école ou de la pratique d'une activité physique ou de loisir.

Comment aborder cette nouvelle population, dont les racines et références religieuses transparaissent si peu ? Les rencontres sont rares. Les maires se montrent satisfaits de voir leur effectif se développer mais déplorent ouvertement leur absence d'investissement.

En outre, cette image d'une nouvelle existence à la campagne s'est avérée pour beaucoup, sous-estimant les frais engagés et notamment les déplacements, bien chimérique. Un divorce ou une perte d'emploi entraînait force désillusions.

L'image du diocèse et sa réalité humaine se révélaient donc bien différentes de la Beauce prospère.

Mgr Perrier s'attache alors à ce que cette nouvelle population soit prise en compte et donne des pistes pour essayer de les associer à la vie chrétienne. Mais il comprend que la capacité d'action d'un évêque est limitée. Il se doit de résoudre des difficultés bien particulières, de valoriser les initiatives, de produire des choses en commun ; cependant ses responsabilités se révèlent très indirectes, sans prise immédiate avec l'ensemble des personnes de son diocèse.

L'évêque rencontre beaucoup de monde, mais à la différence d'un curé de paroisse, il ne peut pas approfondir vraiment les relations.

Une proximité qui semble lui manquer.

De fait, dans son parcours, Jacques Perrier aura administré peu de sacrements requérant des temps forts de préparation auprès des personnes.

La célébration des baptêmes lui semble plus aisée que celle des mariages, où l'assistance est souvent faiblement motivée et qui peuvent prendre parfois une allure folklorique. La déception peut être grande à la suite d'une préparation dans laquelle les fiancés s'étaient engagés sérieusement.

Tandis que pour le baptême, même si les parents n'ont pas une grande piété, ils se sentent une véritable responsabilité envers leur enfant.

À Chartres, comme son prédécesseur s'était appliqué à faire des visites territoriales, Mgr Perrier se consacre lui à des visites pastorales axées d'abord sur la santé, puis sur les questions sociales et enfin sur les jeunes.

La première, dont la thématique portait donc sur la santé, fut une réussite grâce à la grande aide d'une personne connaissant très bien le milieu. Ainsi Jacques Perrier est allé à la rencontre de la plupart des établissements de santé, hôpitaux et maisons de retraite du diocèse.

Sur le terrain, Mgr Perrier se rend compte que les institutions sont déjà en place. Il n'a pas vraiment à inventer.

Dans les paroisses et les aumôneries, l'esprit d'équipe s'était largement développé autour de responsables laïcs palliant ainsi la pénurie de prêtres.

Mais durant les années 1970, Chartres a subi de nombreux départs de prêtres, entraînés par un phénomène de contagion.

À Paris aussi certains sont partis, mais le milieu s'avérait tellement vaste que l'effet en était moindre. Dans le diocèse de Chartres tout le monde était au courant de tout, ce qui entraînait pour chacun, prêtre comme paroissien, des conséquences négatives voire stérilisantes.

Malgré une marche de manœuvre restreinte, Mgr Perrier œuvre beaucoup pour Chartres tout en respectant les orientations déjà mises en place.

Pas de méprise : à l'arrivée d'un nouvel évêque, le diocèse ne peut pas faire table rase et tout recommencer !

Dans son parcours, Jacques Perrier n'aura d'ailleurs jamais eu à prendre le contre-pied de ses prédécesseurs.

Depuis longtemps, il était question de changer de résidence pour l'évêque, l'ancienne étant trop grande et introuvable. Jacques Perrier a pu racheter une des maisons du diocèse à un prix raisonnable, la famille l'ayant vendue au prix de l'estimation. C'est un cabinet d'avocats qui a repris l'ancien évêché.

En ce qui concerne la cathédrale, Mgr Perrier s'est trouvé confronté au problème du chœur. La question était de savoir si Notre-Dame de Chartres devait s'organiser comme lieu de pèlerinage et d'ordination ou se voir dédiée à sa paroisse, avec quelques centaines de personnes à chaque messe. Il a tranché pour la vocation première de la cathédrale tout en préservant un accès au chœur des chanoines pour les célébrations peu nombreuses.

L'architecte en chef des monuments historiques, Guy Nicot, et le célèbre orfèvre Goudji, deux chrétiens très sensibles à la liturgie, ont pu réaliser un nouvel espace sacré.

Avec Jacques Perrier aux commandes, une belle complicité s'instaure entre les trois hommes qui envisagent une mise en scène globale. Cette collaboration à trois têtes se révèle des plus heureuses : à la fois convaincante, rapide et fort peu onéreuse, puisque Goudji a travaillé gracieusement.

Une réussite pour la cathédrale ainsi dotée d'un nouvel autel, de mobilier et d'objets sacrés en totale harmonie.

Pendant ces années, Jacques Perrier s'intéresse à Franz Stock, aumônier des prisons de Paris durant la guerre, dont la tombe se trouve en l'église Saint-Jean-Baptiste-de-Rechèvres à Chartres. Il avait alors vaguement entendu parler de ce prêtre allemand quand lui-même œuvrait à la Sorbonne.

Raymond Loonbeek avait déjà réalisé sa biographie, publiée en 1992 : *Franz Stock, La fraternité universelle*, portant plus particulièrement sur la période de formation et le ministère de l'abbé Stock avant la guerre.

Le curé de la paroisse Saint-Jean-Baptiste-de-Rechèvres à Chartres, René Closset, lui avait aussi dédié un livre en 1964, *Franz Stock, L'aumônier de l'enfer,* exposant sa découverte de l'abbé Stock en son ministère auprès des résistants.

Jacques Perrier, très admiratif de l'audace et de la bonté de ce prêtre, militant de paix en une des époques les plus rudes de l'histoire, a décidé de s'en faire une idée précise et personnelle, s'attachant à s'extraire de certaines polémiques ou rumeurs, et a tenu à retrouver des témoins : résistants, séminaristes, historiens, famille...

Son ouvrage, paru aux Éditions du Cerf en 1998, *L'abbé Stock, 1904-1948, Heureux les doux,* s'organise en deux parties : la première dresse un portrait sensible de Franz Stock et la seconde réunit de nombreux témoignages, souvent inédits, illustrant la profondeur du ministère du prêtre.

Assurément une vie de saint pour Mgr Perrier et avant lui pour ceux qui l'ont connu et apprécié à travers la force de sa grande âme.

Des textes bouleversants sur cet homme frêle, au tempérament doux et artiste, qui a dû faire face aux plus grandes atrocités de la guerre, accompagnant et soutenant des centaines de condamnés à mort jusqu'au lieu de leur dernier supplice. Charitable et courageux, il apporte aux détenus, souvent au péril de sa sécurité, un réconfort à la fois moral et matériel, souffrant avec eux de leurs souffrances.

Qu'il soit catholique, juif, communiste ou franc-maçon, Franz Stock n'a jamais tenté de convertir, s'adressant à chacun selon sa différence, avec respect et délicatesse.

Plus tard, Franz Stock se dévouera au Séminaire des barbelés, fondé afin de dénazifier de jeunes séminaristes allemands faits prisonniers à la fin de la guerre. Pour réorienter leur intelligence, il fera appel à la musique, à la peinture et à la littérature.

Une telle ouverture de cœur et d'esprit que même les générations n'ayant pas subi la guerre se montrent particulièrement touchées par ce récit.

En mai 1998, à l'occasion du cinquantième anniversaire de la mort de Franz Stock, Mgr Perrier avait organisé une commémoration en la cathédrale de Chartres.

Nommé auparavant évêque de Tarbes et Lourdes, Jacques Perrier, n'ayant pas encore de successeur au diocèse de Chartres, a pu s'y rendre. Une célébration très symbolique puisque présidée par le cardinal Lustiger, dont la mère, juive, a péri dans les camps de concentration, en la présence du chancelier allemand Helmut Kohl et en l'absence de Jacques Chirac qui a préféré le Salon de l'agriculture.

Un hommage nécessaire pour Jacques Perrier. Presque un devoir que de mettre en lumière ce prêtre, symbole d'entente et de réconciliation, qui pour la France s'avérait un personnage peu intéressant puisque pas politique et qui pour l'Allemagne était identifié comme plus Français qu'Allemand.

Sur un plan personnel, le tempérament de Franz Stock émeut Jacques Perrier et l'encourage dans sa foi, comme plus tard Bernadette Soubirous, à laquelle il rendra également hommage à travers *Bernadette, pourquoi je l'aime,* publié en 2009 par NDL Éditions : « Dans les deux diocèses qui m'auront été confiés, j'ai eu la chance de faire connaissance avec deux saints (…) L'un et l'autre, presque inconnus de moi au moment de ma nomination, sont devenus des compagnons et de véritables amis, bien qu'invisibles. Dans des temps difficiles pour la foi chrétienne et pour l'Église catholique dans notre monde occidental, il est bon d'avoir tel ou tel complice parmi les saints. Je ne peux qu'encourager tous les chrétiens à se faire de pareils complices. »

Accomplissement

Le diocèse de Tarbes et Lourdes

Lors de la visite *ad limina* de 1997, pèlerinage qui, tous les cinq ans, réunit les évêques à Rome afin de rencontrer le pape et lui exposer la situation de leur diocèse, l'absence de Mgr Sahuquet, qui souffre alors d'un zona, est remarquée. Évêque de Tarbes et Lourdes depuis 1985, il approche des 75 ans et son état de santé alerte les services pontificaux.

Jacques Perrier, dont le nom fut probablement soufflé par le cardinal Lustiger, alors membre de la Congrégation pour les évêques chargée des nominations, apparaîtra comme le remplaçant idéal.

Ce dernier, avec simplicité, conclura non sur ses qualités personnelles mais raisonnera sur les conditions requises offrant alors peu d'alternatives : le successeur de Mgr Sahuquet au siège de Tarbes et Lourdes se devait d'être déjà évêque en exercice et ce depuis un certain temps, mais sans être trop âgé non plus et en outre familier des lieux à hautes fréquentations.

Au-delà de ces critères, il est manifeste que Mgr Perrier semble l'homme de la situation.

Bien qu'il estime que le ministère d'une paroisse relève de sa nature profonde, il n'a jamais rien demandé ou choisi. Et il ne s'est jamais plaint de ses attributions, les considérant toujours du bon côté. Les lamentations, très peu pour lui !

Heureusement, l'image du prêtre et de ses fonctions n'a jamais été figée dans son esprit, ouvert et apte aux changements. Sinon il aurait passé sa vie à être malheureux, ce qui n'est pas le cas.

Ce sont ses supérieurs qui n'ont pas manqué de pressentir ses capacités dans l'action. Pour eux, il n'était assurément pas question de cantonner un tel tempérament à une simple paroisse ou à un diocèse ordinaire.

À 60 ans, Jacques Perrier quitte la proximité de Paris. Direction les Hautes-Pyrénées : son humble diocèse et son sanctuaire international. Un sacré dépaysement !

Il ne connaît personne, excepté le sacristain de la paroisse de Lourdes, rencontré lorsqu'il menait le pèlerinage diocésain de Chartres à Lourdes. Mgr Perrier s'était alors vu attribuer l'hémicycle pour célébrer la messe. Impossible pour lui de placer l'autel convenablement en ce lieu édifié pour accueillir l'assemblée plénière des évêques de France ! Aussi, sans hésiter, s'est-il rendu à la paroisse, où se trouvent les fonts baptismaux ayant servi pour Bernadette, et a pris par la suite l'habitude d'y conduire ses pèlerins, avec la complicité du sacristain.

Prémices certainement de la première étape du futur chemin du jubilé, qu'il concevra pour 2008.

Après la guerre, la famille Perrier s'est rendue à Lourdes, mais seuls les quatre aînés étaient du pèlerinage. Jacques Perrier n'a donc pas connu Lourdes dans son enfance.

Sa première visite date de 1961, à l'occasion du pèlerinage militaire : il pleuvait. Les participants de son régiment séjournaient à l'actuel village des jeunes, en une boue telle qu'il s'avérait bien difficile de tenir les chaussures correctes. Il y avait tant de monde, les rassemblements se voyaient si organisés et encadrés, que ce premier contact avec Lourdes ne lui aura pas laissé un grand souvenir.

Il reviendra en tant que diacre en 1963 avec un groupe de pèlerins lors d'un week-end de Pentecôte. Puis une autre fois, de passage dans les environs.

Nommé évêque coadjuteur de Chartres en 1990, Jacques Perrier avait choisi d'effectuer sa retraite d'ordination à Belloc, non loin de Lourdes, en la même période que le pèlerinage de son diocèse.

Mgr Kuehn souffrant, Jacques Perrier fut alors appelé pour célébrer la messe en la cathédrale de verdure de la Cité Saint-Pierre.

Une magnifique cérémonie que cette première messe diocésaine en ce cadre si particulier.

Puis, chaque année, Mgr Perrier se rendra à Lourdes avec le pèlerinage de son diocèse, soit un millier de personnes, des malades, mais aussi des jeunes. Ils voyageaient alors en train, à l'époque où cela fonctionnait encore correctement !

Un directeur de pèlerinage et un prédicateur, qui suivaient le thème de l'année, déjà instauré à Lourdes, menaient le groupe. Ainsi Jacques Perrier n'avait pas vraiment à étudier pour la préparation du pèlerinage, son rôle d'évêque se voulant plus auprès des personnes. Il se voit d'ailleurs tellement sollicité et de façon bien légitime qu'il ne lui reste pas un moment afin de découvrir les sanctuaires par lui-même.

Durant ses sept années à Chartres, Mgr Perrier passera également à Lourdes presque une semaine annuelle à l'occasion de l'assemblée plénière des évêques de France. Les séances et ses débats correspondent peu à son tempérament, mais les rencontres et échanges avec ses collègues en feront des séjours agréables. En outre, il trouvera un peu de temps pour y être un simple pèlerin et ainsi commencer à apprécier la grâce du lieu.

Lors de ces venues, il aura vite pris conscience du casse-tête des rues de Lourdes ; assez unique en France que ces inversions de sens interdits chaque quinzaine !

Sa connaissance de Lourdes lui paraît donc faible, mais il semble justement que cet œil neuf, sans préjugé, s'avérera des plus favorables.

Par correction pour ses futurs diocésains de Tarbes et Lourdes, Mgr Perrier décide de venir se présenter antérieurement à sa prise de fonction en tant que coadjuteur, prévue le 1er juillet 1997, date décidément très marquante dans son parcours.

Au cours du mois de juin, il se rend donc en train en Bigorre pour y passer deux jours. Mgr Sahuquet, très courtois, l'attend à la gare. Une première attention à laquelle Jacques Perrier se montrera vraiment sensible.

Il se trouve qu'en ce même mois de juin est diffusée une émission de télévision de grande écoute, animée par le présentateur du journal de TF1 Jean-Pierre Pernaut, dont une des séquences portait sur le quotidien d'un évêque suivi pendant 24 heures.

C'est évidemment de l'évêque de Chartres dont il est question, parfait communiquant et choisi bien opportunément.

Le reportage, filmé en début d'année, tombait parfaitement dans le planning de Jacques Perrier, dont la journée s'annonçait plutôt animée, sans réunion ennuyeuse. Une rencontre était prévue avec un séminariste ; Mgr Perrier est arrivé à l'heure tapante au volant de sa petite Clio. Étonnement général que de voir ainsi un évêque conduire lui-même sa voiture et qui plus est une voiture des plus banales !

Dans l'imaginaire collectif, l'évêque semble plutôt pourvu d'un chauffeur et d'un véhicule haut de gamme.

En outre, voilà que monseigneur se met à coller une affiche à l'occasion de la campagne du denier du culte ! Une scène comique pour un film à l'ambiance très bon enfant, à travers lequel chacun a pu apprécier le franc-parler, l'humour et le dynamisme de Mgr Perrier.

De fait, nombreux furent ceux du diocèse de Tarbes et Lourdes à avoir ainsi fait connaissance avec leur futur évêque avant sa nomination le 1er juillet.

Une personnalité bienveillante et authentique qui se veut au plus proche de chacun, à l'image de sa tenue toujours identique selon les circonstances, qu'il se rende chez le préfet ou en une église de campagne : un costume courant noir et un col romain.

Certains de ses collègues portent la cravate. Pour lui, sensible à l'élégance et l'harmonie, cela aurait été beaucoup trop compliqué, car qui dit cravate, et surtout pas noire, dit toute une collection exigeant recherche et personnalisation. Mgr Perrier fera le choix du fonctionnel.

À sa main droite un anneau en or jaune, qui date de son ordination épiscopale en 1990, et autour duquel il eut l'idée de faire ajouter une couronne d'épine : un très joli travail artisanal, sobre mais hautement symbolique. À cette même occasion, il s'achètera à Paris cette croix en bois brun qu'il porte toujours depuis. Il la voulait en bois, mais comme elle se distinguait peu sur son habit sombre, il l'a choisie entourée d'argent.

Une croix qui lui ressemble : un matériau noble mais simple, néanmoins vivant et solide, et qui se remarque un peu quand même, mais sans briller.

Le dimanche suivant son arrivée, une messe est célébrée en la cathédrale de Tarbes : une cérémonie modeste, à la mesure de la nomination d'un coadjuteur. Incomparable à l'ordination d'un évêque.

Aux sanctuaires aucune présentation particulière n'avait été prévue ; les pèlerins se montrant peu concernés par ces événements, relevant presque pour eux du domaine administratif.

Au-delà de la diffusion du reportage en son ancien évêché de Chartres, qui lui aura été assurément favorable, Mgr Perrier constate que la mentalité bigourdane fait honneur à la réputation du Sud-Ouest, à la fois ouverte et chaleureuse.

De fait, il se sent bien accueilli, d'autant mieux en comparaison avec son précédent diocèse, où se manifestait un anti-parisianisme fort. En effet, Jacques Perrier ne garde pas le meilleur des souvenirs de son arrivée à Chartres. En tant que parisien, papiste, lustigérien et par le fait de plus qu'il réalisait un catéchisme, il y fut reçu plutôt froidement. En outre, les Beaucerons se montrent solides, fiables mais peu expansifs.

Mgr Perrier se voit donc le bienvenu en Bigorre, d'autant que le diocèse a besoin de lui. Mgr Sahuquet est malade et le coadjuteur doit, dès son arrivée, prendre des décisions.

Tout est nouveau pour lui en ce pays qui a sa langue, son histoire, sa couleur politique, ses traditions… Mais cette identité forte ne semble pas l'effrayer, bien au contraire, heureux de se sentir utile. Ce qu'il redoutait, c'était l'isolement ou un champ de bataille.

Accompagné de prêtres des lieux, Jacques Perrier circule beaucoup dans le diocèse, qui recense deux fois moins d'habitants que Chartres, soit à l'époque 237 000, mais qui compte beaucoup plus de communes, très disséminées.

Il remarque aussitôt que la conscience diocésaine est faible, sans conseil pastoral. Une forme d'indépendance due certainement à la culture des montagnes, facteur inévitable d'isolement, mais aussi à la taille de la cathédrale de Tarbes, dont le rayonnement s'avère plutôt faible. D'ailleurs les ordinations sont souvent célébrées à la basilique du Rosaire, la cathédrale se révélant trop petite.

Le diocèse est marqué par une grande disparité religieuse, comme par exemple entre la région de la Rivière-Basse, très peu chrétienne, et Betpouey, fervent village de l'ancien recteur des sanctuaires Notre-Dame de Lourdes, le père Bordes.

En ce qui concerne le caritatif, le secours catholique s'avère beaucoup plus difficile en milieu rural, par raison de discrétion. Par contre, quand un nouvel habitant arrive dans le village, il se voit très bien accueilli.

Comme à Chartres, les ruraux se démènent beaucoup plus que les urbains, n'hésitant pas à prendre initiatives et responsabilités. Le danger des villes provient de cette certitude qu'il y aura toujours un prêtre.

Le rapport du diocèse avec son sanctuaire est complexe. Tarbes ne porte pas une grande sympathie envers Lourdes, mais

Mgr Perrier perçoit que la population, dans son ensemble, s'avère très attachée à son sanctuaire, bien plus qu'elle ne veut le montrer.

Nombreux sont ceux à s'y rendre de façon personnelle, mais en font peu étalage. Par contre, à l'occasion des visites du pape, là le sentiment d'appartenance se révélait plus aigu, notamment pour obtenir une bonne place !

La vie chrétienne ordinaire et la vie d'un sanctuaire sont distinctes, même opposées. Aux sanctuaires pas de rites sacramentels : baptêmes, obsèques… Un aspect que Jacques Perrier avait déjà appréhendé à Notre-Dame de Paris de façon un peu différente.

Le nom de Lourdes a été rajouté au diocèse de Tarbes en avril 1912 ; ce qui n'avait jamais été fait auparavant. Si un diocèse comporte deux noms voire trois, c'est que les diocèses ont été réunis, comme par exemple ceux de Bayonne, Lescar et Oloron.

Il fut envisagé dans l'histoire de nommer un évêque spécialement pour Lourdes, mais pour Mgr Perrier le sanctuaire doit rester dans le domaine territorial, sinon cette idée insulaire, privilégiée, de Lourdes se renforcerait d'autant plus ; cette dualité Tarbes Lourdes serait donc un bienfait.

Mgr Perrier s'estime mieux accepté en tant que Parisien plutôt que par sa provenance chartraine, car, dans les esprits, qui dit Chartres dit lieu de pèlerinage ; donc il aurait été envoyé davantage pour s'occuper du sanctuaire que du diocèse.

Pour éviter cette méprise, Mgr Perrier, devenu évêque en titre le 18 janvier 1998, prend une décision importante pour le diocèse, un signe fort qu'il veut transmettre à tous : il choisit de demeurer à Tarbes toute l'année. Et il sera donc bien l'évêque de Tarbes et Lourdes, comme il le précise et le martèle depuis bientôt quinze ans.

Ses prédécesseurs avaient établi des programmes de résidence alternée. Mgr Donze scindait l'année en deux temps : six mois à Lourdes et six mois à Tarbes ; ce qui exigeait un grand déménagement.Quant à Mgr Sahuquet, il avait préféré partager la semaine : mardi, mercredi et jeudi à Lourdes ; vendredi, samedi et dimanche à Tarbes ; et le lundi congé.

La cathédrale est à Tarbes, l'évêché se situe à Tarbes et l'évêque s'installe donc à Tarbes. Une disposition qui, en outre, fait faire des économies au diocèse, d'autant que Jacques Perrier ne souhaite pas un employé à domicile. Il requiert seulement les services d'une dame de ménage qui, à l'occasion, fait la cuisine quand il y a un repas de conseil.

Pas question pour lui de s'installer à table et de se faire servir ! Lorsqu'il est seul, il se prépare lui-même un petit repas rapide.

À son arrivée à l'évêché de Chartres, il garde le souvenir amusé d'une sœur qui avait demandé à monseigneur ce qu'il prenait à quatre heures. Vraiment pas son genre !

Cependant c'est à Lourdes, au chalet épiscopal, que Mgr Perrier reçoit. Mais il est tout à fait exceptionnel qu'il y passe la nuit. Il préfère rentrer à Tarbes, d'autant que pour lui, le Parisien, 30 minutes de transport, ce n'est rien !

Deux personnes sont chargées de l'entretien de la maison et de l'accueil des invités. Pour la plupart, il est vraiment plus aisé de se rendre à Lourdes. Et puis c'est aux alentours des sanctuaires que se sont installées les communautés religieuses.

En semaine, l'évêque célèbre la messe, soit à Lourdes, soit à la cathédrale.

Le secrétariat est établi également à Tarbes. La fonction principale du secrétaire de l'évêque réside en l'organisation de l'agenda. Le sens de l'ordre et du rangement quant à la gestion de la documentation, de la tenue des dossiers et des comptes-rendus de tous les conseils s'avère indispensable. La discrétion et la diplomatie doivent faire également partie de ses qualités.

Mgr Perrier traite beaucoup d'affaires directement. Il rédige son courrier et envoie ses mails. Au début, il demandait à sa secrétaire de répondre puis se voulant toujours plus efficace et rapide, il s'est vite mis à la messagerie par internet.

« Et ça fuse ! », confient ses proches. Il connaissait déjà le clavier ayant appris à taper à la machine lorsqu'il était étudiant.

Si à Chartres Mgr Perrier a gardé toujours la même secrétaire, d'ailleurs une parfaite Beauceronne, pendant ses quinze années à Lourdes, il en aura connu sept. Toutes des femmes, religieuses ou laïques. D'ailleurs peu d'hommes se vouent à un travail de secrétariat et les prêtres ne sont vraiment plus assez nombreux pour se cantonner à cette fonction.

La première secrétaire a pris sa retraite assez rapidement et c'est Catherine Albrech, devenue depuis la plus proche collaboratrice de Mgr Perrier, qui la remplacera le 1er mai 1998, date symbolique pour une personne qui n'a jamais chômé, mettant beaucoup de cœur et d'énergie dans son travail. Aussi en 2006, il la prendra pour adjointe dans la préparation du jubilé de 2008. Après le départ de Catherine pour Lourdes, où elle se consacrera entièrement à l'organisation du 150ème anniversaire des Apparitions, plusieurs secrétaires se succéderont avant l'arrivée de sœur Sylvie, attachée à l'évêché depuis l'automne 2010.

Le sanctuaire Notre-Dame de Lourdes

L'évêque de Tarbes, Mgr Laurence, s'était imposé la prudence au sujet des apparitions de Lourdes, choisissant de se ranger aux conclusions de la commission d'enquête qu'il avait formée en 1858.

Mais les pèlerins n'ont pas attendu la reconnaissance officielle des Apparitions du 18 janvier 1862 pour se rendre en foule à la Grotte. C'est que la rumeur allait bon train !

Un paradoxe que la situation de Lourdes : au fin fond de la France et des Pyrénées mais passage obligé pour tous ceux qui se rendaient aux stations thermales voisines, alors très en vogue. Leurs eaux réputées attiraient les plus grands noms. D'ailleurs c'est sur intervention de l'empereur Napoléon III, séjournant à Biarritz avec son épouse Eugénie, déjà bien au courant des faits de Lourdes, que le 2 octobre 1858 sera levé l'arrêté d'interdiction d'accès à la grotte de Massabielle.

Dès la reconnaissance des Apparitions, le curé de Lourdes, puis les pères chapelains veillèrent à protéger le lieu et à accueillir au mieux les pèlerins, dispensant le message de la Vierge Marie transmis à Bernadette Soubirous.

La « chapelle » demandée par la « Dame » fut très vite envisagée : les travaux commencèrent le 14 octobre 1862.

La bénédiction de la statue de Fabisch à la Grotte, le 4 avril 1864, en sera la première cérémonie officielle. À cette occasion la paroisse de Lourdes y viendra en procession.

Le premier pèlerinage local fut organisé le 21 juillet 1864 par Loubajac, paroisse pionnière.

Puis l'évolution des lignes de chemin de fer, avec notamment le tracé Pau-Toulouse ainsi que l'inauguration de la gare de Lourdes en 1866, favorisera amplement le déploiement de pèlerinages plus lointains.

Un grand mouvement d'espérance pour la France, meurtrie par la guerre de 1870, se manifesta avec le « pèlerinage des bannières » apportées des quatre coins du pays du 5 au 8 octobre 1872.
Un succès tel, avec 252 bannières, que Lourdes devint incontestablement le grand sanctuaire marial de la France. Ce fut l'année de l'essor, ouvrant la voie des grands pèlerinages diocésains.

Les nécessités des pèlerins, par leur nombre toujours croissant, se faisant pressantes, les Lourdais se sont vite mobilisés en développant l'hôtellerie ; tandis que l'Hospitalité auprès des malades se spécialisa en un bel élan spontané, émanant du Pèlerinage National de 1880. Ainsi naît l'Hospitalité Notre-Dame du Salut. Puis en 1885, l'Hospitalité Notre-Dame de Lourdes.

À peine inaugurée la basilique de l'Immaculée Conception, dont le chœur surplombe exactement la Grotte, qu'il fallut en imaginer une plus grande : la basilique du Rosaire, consacrée en 1901.
Après la seconde guerre mondiale, Mgr Théas, afin de protéger les pèlerins malades de la pluie ou du soleil, eut l'idée d'un vaste abri, qui devint la basilique Saint-Pie X : un pari audacieux tant au niveau technique que liturgique. L'ensemble souterrain de béton fut consacré le 25 mars 1958, fête de l'Annonciation en cette exceptionnelle année du centenaire qui atteignit les 5 millions de personnes.

Tout en restant fidèle à ses origines, le sanctuaire Notre-Dame de Lourdes s'est transformé au gré des époques et de ses évêques, en un mouvement harmonieux de diversité.
Les styles de son architecture religieuse semblent à l'image de la variété de ses visiteurs, qui font la richesse de Lourdes : chacun insufflant par sa présence, quel que soit le degré de sa spiritualité, cette force si particulière et si bienfaisante pour tous.

Lourdes est un modèle d'équilibre entre les attentes des pèlerins et les décisions prises par les autorités, qui ont su en faire un espace ouvert à la piété populaire.

Le sanctuaire Notre-Dame de Lourdes, c'est aussi une importante entreprise qui requiert toute une organisation.

Des prêtres, les chapelains, mais aussi des frères et sœurs issus de diverses communautés religieuses exercent leur ministère aux Sanctuaires : eucharistie, confession, prière, service aux malades... Quant au personnel laïc, il compte environ 400 employés, parmi lesquels moins d'un tiers de saisonniers, chargés d'entretenir et d'animer le domaine : 52 hectares dont plus de 100 000 m^2 de surface bâtie. À leur tête un recteur nommé par l'évêque.

À son arrivée à Lourdes en 1997, Jacques Perrier perçoit une forme d'appréhension ambiante.

L'évêque en titre, Mgr Sahuquet, est souffrant. Le recteur Michel de Roton se trouve également malade et arrive au terme de son mandat.

Au départ de Mgr Théas en 1970, son successeur, Mgr Donze avait fait un choix audacieux en nommant recteur des sanctuaires le père de Roton, qui n'avait pas encore quarante ans à l'époque.

Après les fastes et les foules du Centenaire, Lourdes avait repris son cours, toujours en évolution constante et loin du contexte éprouvant de la Sorbonne et des répercussions de mai 68, qui ne semblent pas trop avoir atteint la cité pyrénéenne.

Le père Bordes a pris les rênes de 1977 à 1993, puis c'est à nouveau le père de Roton qui, pour la deuxième fois, a été nommé recteur des sanctuaires Notre-Dame de Lourdes.

Pendant cette période, les Sanctuaires n'ont pas connu de grands bouleversements. D'ailleurs celui qui tenterait un virage un tant soit peu soudain dans la vie des Sanctuaires s'exposerait certainement à l'incompréhension des pèlerins et particulièrement des directeurs de pèlerinage. Car, historiquement, Lourdes appartient à ses pèlerins.

Dès l'origine, Mgr Laurence et le père Rémi Sempé, premier recteur des sanctuaires naissants, ont vu grand et loin, insufflant à leurs successeurs ce même élan.

La hiérarchie s'est toujours montrée optimiste quant au développement de Lourdes et n'a pas manqué d'audace pour lancer de considérables chantiers sans l'argent pour les financer.

Un objectif : envisager et préparer l'avenir tout en accompagnant les mouvements de fidèles et en les accueillant au mieux, tout particulièrement les malades qui à Lourdes ont toujours occupé la première place.

En septembre 1997, Mgr Perrier, qui représente l'évêque titulaire, inaugure l'Accueil Notre-Dame, déjà opérationnel depuis avril. Moins d'un an après, en août 1998, c'est au tour du nouvel Accueil Marie Saint-Frai.

Ni hôpitaux, ni hôtels, ces accueils modernes de malades de plus de treize cents lits répondent à la volonté initiale de Lourdes : offrir aux plus fragiles et aux handicapés les meilleures conditions de séjour.

L'économe Jean-François de Saint-Denis s'était largement dépensé pour mener à bien ces opérations de construction à moindres frais, instaurant une Société d'Économie Mixte assez unique en France, composée de la Ville et des sanctuaires : la SEM de l'Accueil, présidée notamment par le 1er adjoint et futur maire de Lourdes, Jean-Pierre Artiganave, déjà brillant.

Une opération juridique très lourde afin d'obtenir des subventions et la récupération de la TVA.

En outre, en dix ans, l'économe avait beaucoup œuvré pour moderniser l'administration et le système de gestion, devenus complexes, des sanctuaires. Tout tournait alors bien.

Comme toujours à Lourdes, les travaux s'engagent sans budget ! C'est par la suite que l'on se demande de quelle façon payer.

Seulement un tiers de la somme requise pour la construction des Accueils était dans les caisses. Des opérations de mailings avaient déjà été lancées, pour rembourser les emprunts.

Le futur évêque ressent un doute environnant d'autant que Jean-François de Saint-Denis va lui aussi bientôt prendre sa retraite. En outre il n'y a plus de médecin.

Mais l'urgence c'est de trouver un recteur.

Il y avait bien à l'époque un vice-recteur, poste créé spécialement pour aider le recteur de Roton : Horacio Brito, père de Garaison, déjà essentiel pour les sanctuaires, mais qui était reparti pour l'Argentine.

Traditionnellement, c'est toujours un prêtre du diocèse ou un missionnaire de l'Immaculée Conception de Lourdes, appelé communément père de Garaison, qui prenait cette charge. Mais aucun de disponible ! Il s'avère donc bien difficile à Jacques Perrier de trouver un recteur. Après consultation auprès de son conseil épiscopal, aucun prêtre du diocèse ne semble convenir.

Mgr Perrier, lui-même recteur de Notre-Dame de Paris, savait que ce poste très complexe requiert tant de qualités que personne ne peut complètement correspondre au profil : animer une équipe, gérer le quotidien en lien avec l'évêque, prendre des initiatives, aimer la liturgie, ne pas avoir d'allergie aux foules, se montrer sensible à la dimension internationale et ne pas être sujet à la grosse tête. Difficile de réunir toutes les aptitudes en un seul homme !

La situation s'aggrave avec le départ du père de Roton. Mgr Perrier se voit déjà très pris par sa charge. Il faut un recteur, mais la plupart des prêtres de sa connaissance appartiennent au diocèse de Paris.

À Rome, la tradition du pape italien s'est perdue en choisissant un Polonais, Jean-Paul II. Lourdes aussi pourrait également évoluer en choisissant un recteur qui ne soit pas du lieu, s'est ainsi rassuré Jacques Perrier.

Patrick Jacquin, un des principaux organisateurs des Journées Mondiales de la Jeunesse à Paris, alors en période de transition, s'est imposé. Après avoir obtenu l'accord du cardinal Lustiger, Mgr Perrier accueille à Lourdes le père Jacquin le 11 février 1998.

Une décision qui ne facilite pas ses relations avec l'Église locale, mais Mgr Perrier n'aura pas à regretter sa décision, Patrick Jacquin s'avérant un excellent recteur, très loyal et plein d'idées durant les cinq années passées à Lourdes.

Le cardinal Lustiger le rappellera à Paris où il prendra en 2003 les fonctions de recteur-archiprêtre de Notre-Dame, tel Jacques Perrier avant lui.

Pour le remplacer, Mgr Perrier, toujours pris par le temps et par le peu de possibilités, fait appel au père Raymond Zambelli, recteur de la basilique de Lisieux, qui s'était illustré par un projet audacieux mais modeste en regard de son extension inattendue : le pèlerinage des reliques de Thérèse de Lisieux dans le monde entier en la perspective du centenaire de la mort de la sainte en 1997.

Cependant le Sanctuaire Notre-Dame de Lourdes se révèle infiniment plus exigeant que celui de Lisieux et le père Zambelli s'avérera dépassé.

Les relations entre l'évêque et le recteur sont toujours complexes : les rôles se définissant selon le tempérament et l'investissement de chacun. Suivant les périodes, c'est l'évêque qui se montre le plus actif, parfois c'est le recteur. L'essentiel étant l'entente entre les deux hommes.

Avec le père Zambelli, Mgr Perrier ne connaît pas de conflit. Si le recteur n'est pas présent concrètement dans sa fonction, c'est le côté administratif qui prend le dessus. Et c'est ce qui s'est passé avec le dénouement peu flatteur que tout le monde connaît.

Une affaire désastreuse pour l'image de Lourdes alors en pleine année célébrant le 150ème anniversaire des Apparitions.

Mgr Perrier, certainement trop accablé pour en parler, redoublera d'efforts afin de faire oublier ce triste épisode dans l'histoire des Sanctuaires. L'année 2008, particulièrement bien préparée, n'en sera pas atteinte, entraînant avec elle neuf millions de pèlerins.

Pour l'aider à organiser l'année jubilaire, Mgr Perrier avait sollicité à son retour d'Argentine le père Horacio Brito, dont la connaissance du message de Lourdes et la capacité pédagogique se révélèrent les meilleurs atouts.

Puis il a fallu pourvoir au poste de supérieur général des pères de Garaison ainsi qu'au remplacement du père Zambelli. Comme les ministères s'avéraient compatibles, le père Brito est devenu le premier recteur étranger des Sanctuaires Notre-Dame de Lourdes en novembre 2008.

Issu d'une famille d'avocats, il plaide avec talent la cause de Bernadette.

La foi dans l'action

Les allers-retours quotidiens entre Tarbes et Lourdes ne l'ennuient pas, bien au contraire : ce trajet le détend et parfois même l'inspire. Jacques Perrier aime conduire. Une institution dans la famille Perrier. La maman, qui n'avait pas été à l'école, se montrait très heureuse d'avoir obtenu son permis de conduire à 18 ans. Elle conduisait d'ailleurs très bien.

Tous les enfants de la fratrie, filles comme garçons, ont tous passé leur permis de conduire à 18 ans. À l'époque cela ne coûtait pas bien cher, exigeant seulement dix fois une demi-heure d'apprentissage code compris, se souvient Jacques Perrier qui a acquis le sien sur une Citroën 2cv.

Conduire lui procure une sensation agréable, peu importe le véhicule. Mgr Perrier s'est d'ailleurs toujours contenté d'une petite auto. Concentré sur la route, il ne pense pas et c'est justement à ce moment que lui arrivent les idées.

À Paris, il a toujours eu une mobylette et entre la Madeleine et Notre-Dame l'inspiration lui est souvent venue favorablement.

Le sentiment d'être utile est essentiel à Jacques Perrier. Le service fait partie de son ordre, mais cette notion semble inhérente à sa personne. Sa foi le fait vivre et il vit pour la transmettre.

Sa fonction religieuse n'est pas un métier ; il ne peut pas en sortir pour se mettre en vacances ou se distraire par ailleurs. Il reste l'évêque de Tarbes et Lourdes à tout moment.

Ses prédécesseurs partaient un mois, Mgr Perrier ne ressent pas ce besoin. D'ailleurs le monde entier vient à Lourdes, pourquoi bougerait-il ?

Respectueux des rythmes et exigences de chacun, Mgr Perrier, quant à lui, ne peut concevoir l'idée même de se ressourcer. La source se trouve en lui-même : sa foi, source inépuisable d'inventions et de projets, nourrie de rencontres et d'échanges.

Des moments de calme et de solitude lui sont nécessaires pour prier. Il trouve, en sa vie de célibataire, des périodes propices à la réflexion. Après la messe de 18h30 à Notre-Dame de Paris, il appréciait particulièrement un temps d'adoration, profitant de la cathédrale apaisée. Comme à Lourdes, ces lieux de foules proposent à la tombée de la nuit une ambiance différente, plus silencieuse, inspirant un recueillement intime.

Ainsi Mgr Perrier a instauré une messe très simple tous les soirs à 23 heures à l'autel de la Grotte, sans chants, ni sermon, dans la nuit enveloppante.

Jacques Perrier prend seulement une journée par an pour retrouver sa famille dans le Limousin.

Quant à ses voyages, ils ont toujours un objectif spirituel : Terre sainte, Rome, sanctuaires marials.

Avant de s'endormir il lit chaque soir, mais toujours dans sa partie : livres, journaux religieux ou d'histoire religieuse et de théologie. Il lui semble nécessaire de s'entretenir et il estime qu'il est de sa responsabilité de lire les discours du pape, même s'il ne peut pas tout lire.

Si Jacques Perrier commence à écrire c'est d'abord par ce sens de l'utilité qui l'anime, conduit par un motif particulier comme pour *Visiter une église* à l'intention des guides. D'abord il s'oblige, puis avec le temps, l'écriture deviendra pour lui une détente et se fera plus personnelle.

En une simplicité très recherchée, son style limpide révèle un esprit méthodique doué de finesse psychologique.

Finalement Mgr Perrier s'avérera un auteur prolixe, dont une partie de la production portera sur Lourdes et son message, notamment *Lourdes, pourquoi je l'aime* ou *Lourdes, le miracle depuis 150 ans,* ainsi que de nombreux guides pour mieux appréhender les sanctuaires.

Très réservé, Mgr Perrier paraît secret mais il ne dissimule pas. Il n'a rien à cacher, juste une extrême sensibilité qui ne peut s'accommoder de sensiblerie. Pour lui, extérioriser ses sentiments ne sert à rien. De cette pudeur, peut-être familiale, il en a fait une force.

Il donne l'impression d'un grand équilibre et l'équilibre c'est bien le contraire de l'immobilisme.

Homme de terrain, vif, dynamique, avec Jacques Perrier il faut que ça aille très vite. En avant toute ! Certains tempéraments à l'opposé se voient pris dans la tourmente et peuvent manifester une forme d'incompréhension.

Mgr Perrier, en chef d'entreprise, responsable d'un diocèse et de son sanctuaire, se situe dans l'action, il doit faire avancer les projets et n'a pas le temps de s'attarder sur les petits sentiments personnels. Souvent des blessures d'amour propre qu'il ne peut vraiment pas saisir car elles lui sont certainement étrangères. S'il fait de la peine, c'est involontaire et il en est bien contrit.

Inconscient de son impétuosité, il fait état d'une susceptibilité générale qu'il veille cependant à ménager surtout auprès des bénévoles et des prêtres.

Ses collaborateurs ont dû s'accommoder de son côté atrabilaire dans le travail. Aléa d'un caractère entier, sincèrement engagé.

Son orgueil à lui est de celui qui stimule, encourage à aller de l'avant. Un orgueil qui se révèle par les actes. Bien que très humble, ne recherchant pas la gloire, acceptant mal les honneurs, Jacques Perrier est sûrement fier de ce qu'il réalise, de voir une opération aboutir.

Lors de la remise en fonctionnement de la roue du moulin de Boly, où Bernadette Soubirous naquit et passa les dix premières années de sa vie, Mgr Perrier, l'œil pétillant, malicieux, s'est réjoui de cet ouvrage modeste mais vivant ; un peu à son image. Une entreprise des plus heureuses à laquelle il fallait penser ! Face aux revers, il doit s'avérer d'autant plus déçu, tant il s'investit.

En rapport avec ses fidèles, il est le religieux bienveillant à l'écoute des plus faibles, ne s'estimant pas suffisamment patient en particulier avec les malades, se remémorant la douceur de sa mère très dévouée, qui savait alors si bien s'y prendre avec eux.

Il essaye de se mettre toujours à la portée de chacun, cherchant à attirer la sympathie afin de se sentir au plus proche de tous, croyants comme incroyants. La tolérance et l'ouverture d'esprit sont une de ses formidables composantes.

Depuis 1969, Jacques Perrier est son seul patron. Dans tous ses ministères successifs il a toujours eu le sentiment d'être libre de ses actes. Personne ne l'a contrecarré dans ses projets et il n'a jamais eu non plus l'impression d'être sous-employé.

Plus on se trouve dans un monde éclaté et plus il y a de largesse pour les initiatives !

Pour Mgr Perrier, les limites proviennent du budget ou du manque de bonnes volontés.

Les réunions l'ennuient, il préfère agir, innover ou même faire des affiches. Une démarche de communication qui lui vient sûrement de la Sorbonne et qu'il a toujours conservée.

Aux faits ! Mgr Perrier doit se sentir efficace concrètement et a besoin de bouger. Il ne supporterait pas une journée type avec des habitudes. Surtout pas de train-train quotidien ! Il en a l'âge mais pas le tempérament.

Partant d'un même point, il a pu accomplir sa mission en de multiples chemins suffisamment variés pour qu'il n'ait pas à subir la répétition.

Le Sanctuaire Notre-Dame de Lourdes apparaît comme l'accomplissement de sa vocation.

Les diocésains de Tarbes et Lourdes se sont montrés sensibles à la volonté de leur évêque de ne pas réduire ses fonctions aux Sanctuaires. Néanmoins il aurait été dommage de cantonner un tel tempérament à un simple diocèse. Il ne se serait pas ennuyé assurément, car il n'en a pas le caractère.

Cependant durant près de quinze ans, le sanctuaire Notre-Dame de Lourdes lui aura offert toute latitude pour s'épanouir, mettre en action ses talents et surtout ne pas s'installer dans la routine.

Bien sûr il connut des épreuves. Douloureuse comme l'affaire Zambelli. Effrayante comme l'alerte à la bombe du 15 août 2010. Mgr Perrier se trouvait alors à Cauterets pour y célébrer une messe : ne se trouvant pas sur place, inutile d'essayer d'interférer. Le temps d'arriver – on imagine à quelle allure et dans quel état de fièvre ! – les Sanctuaires avaient été évacués mais les artères y menant s'avéraient bouchées. Si un malheur s'était produit, comment les secours auraient-ils pu intervenir ?

Mgr Perrier s'est rassuré estimant contradictoire le comportement d'une personne qui téléphone et qui veut rester anonyme : s'il prévient il ne veut pas tuer, sinon il revendique.

Il dut mener de longs et rudes combats. Décevant comme celui des trains de pèlerinages, sur lesquels Mgr Perrier pourrait consacrer tout un livre tant il aura engagé d'actions afin de résoudre ce problème sans obtenir de résultat satisfaisant ni sur les horaires, les conditions de réservation ou les tarifs.

Un accord signé en 2006 par les grands responsables de pèlerinage, la ville de Lourdes, les sanctuaires, la SNCF et Réseau Ferré de France n'aura pas été respecté. Quant aux voitures ambulances, tant espérées, elles n'ont pas vu le jour. Mgr Perrier ne se montre pas très optimiste sur la question. Un bon nombre de pèlerinages ont déjà opté pour le train ou l'avion.

Encourageant le rapport entretenu par la ville et les sanctuaires. Depuis la construction des Accueils de malades, à l'organisation des visites pontificales, Mgr Perrier s'est attaché à unifier ce que l'on appelle communément la ville haute et la ville basse, tout particulièrement à l'occasion du 150ème anniversaire des Apparitions. Les différentes étapes du chemin du jubilé ont montré aux pèlerins que Bernadette n'avait pas passé sa vie auprès de la source, qu'elle habitait dans cette ville et qu'elle y avait été baptisée, créant une importante circulation entre le haut et le bas de la ville qui se sont harmonisés dans ce bel élan.

Mgr Perrier concède que le rôle du maire, en l'occurrence Jean-Pierre Artiganave, n'est pas le plus aisé. L'activité de la ville de Lourdes ne tournant pas exclusivement autour des Sanctuaires, il faut donc essayer de contenter tout le monde en un difficile exercice d'équilibre.

Certains sanctuaires se trouvent en pleine campagne. Les Apparitions de Lourdes ont eu lieu à l'extérieur de la ville, une petite ville mais dynamique qui a su apporter toute sa richesse et sa diversité aux Sanctuaires.

Malgré une certaine forme d'indifférence voire de dénigrement parfois, les Lourdais se montrent attachés à leur Sanctuaire et à son rayonnement international. Ils sont fiers d'accueillir le pape, fiers de compter Bernadette Soubirous parmi les leurs.

Le 18 février, rendez-vous fidèle des Lourdais, ils se retrouvent en procession dans la nuit et souvent dans le froid pour chanter, de la paroisse à la Grotte, tout leur attachement à leur sainte.

Initiatives

Son premier regard sur les lieux dont il eut la charge se révèle toujours juste.

À son arrivée en 1997 à Lourdes, Mgr Perrier perçoit aussitôt que les Sanctuaires peuvent sortir de leur fonction de réceptacle et évoluer en force de proposition.

En effet, les Sanctuaires reçoivent, mettent en place les moyens matériels afin d'accueillir au mieux les pèlerins, mais c'est le pèlerinage organisateur qui programme, annonce et informe. Jamais une affiche sur Lourdes : un comble pour ce communiquant né !

À la suite des originels pèlerinages de Loubajac, Poueyferré et Barlest, les diocèses ont imité les paroisses, devenant le modèle classique du pèlerinage à Lourdes.

Dans l'idéal, le pèlerinage diocésain rassemblerait les fidèles de toutes les générations et de tous les secteurs géographiques du diocèse, les valides comme les handicapés. Déjà une difficulté que de convier les jeunes pris par leur impératif scolaire ! Tous les diocèses ne peuvent se rendre à Lourdes pendant les seules vacances.

Les diocèses ont été amenés à prendre des initiatives et à se renouveler pour ne pas s'éteindre, demeurant un modèle sûr mais toujours à inventer, pendant que d'autres rassemblements très divers voyaient le jour : les anciens combattants en Algérie-Maroc et Tunisie, les sportifs qui intègrent des handicapés, les motards… Ainsi que des groupes plus confidentiels : « Aux captifs, la libération », qui soutient les personnes vivant dans la rue et de la rue, SDF et prostitués, ou les alcooliques anonymes, osant ainsi sortir de l'anonymat.

Certaines maladies ont donné lieu à des pèlerinages distincts comme celui des dialysés ou le grand mouvement Lourdes Cancer Espérance.

Les grands pèlerinages rythment la saison des sanctuaires : HCPT, le Pèlerinage Militaire International, le Pèlerinage National de l'Assomption, Unitalsi, le Rosaire.

La réputation de Lourdes, universellement connue et appréciée, n'est plus à faire. Néanmoins, Mgr Perrier considère que les possibilités de Lourdes ne sont pas suffisamment exploitées. À l'automne suivant son arrivée, il exprime aux directeurs de pèlerinage sa volonté de voir les rassemblements se diversifier et les propositions s'étendre : des pèlerinages plus courts, avec un public particulier ; varier les durées, les styles, les âges, les thèmes, les publics ; créer des pèlerinages interdiocésains entre deux ou trois diocèses voisins.

Dans la perspective de l'an 2000, célébrant la naissance du Christ, c'est Mgr Jacques Perrier qui est chargé par l'épiscopat français de l'organisation nationale du Jubilé.

L'Église de France se voyant représentée par des diocèses, il estime que c'est à chacun de prévoir l'événement selon sa spécificité. Ainsi pas de calendrier général. Chaque évêque doit trouver un signe commun à tout l'ensemble de son territoire. Un défi déjà pour Mgr Perrier que son propre diocèse entre la désertification du nord du département, un taux de chômage élevé à Tarbes et les sanctuaires de Lourdes.

Le jubilé de l'Année Sainte s'ouvre le 26 décembre 1999 avec l'annonce du pape Jean-Paul II.

Mgr Perrier avait invité tout le diocèse à se retrouver à l'église Saint-Jean et à marcher jusqu'au parvis de la cathédrale de Tarbes en chantant et priant, avant d'en ouvrir symboliquement la porte.

Chaque délégation recevait une banderole, trait d'union entre les différentes étapes diocésaines de l'Année Sainte, notamment jusqu'à la fête de la Pentecôte, célébrée en un seul lieu pour tout le diocèse de Tarbes et Lourdes : le Parc des Expositions.

À la demande de l'évêque, le maire de Tarbes de l'époque, le communiste Raymond Erraçaret n'avait pas hésité à mettre le vaste ensemble à la disposition des diocésains. Une décision qui n'avait pas manqué d'ailleurs d'engendrer quelques remous au sein du conseil municipal.

5 000 fidèles se sont retrouvés au Parc des Expositions : stands, spectacles, conférences, célébrations… Un grand succès que ce rassemblement populaire.

En cette Année Sainte consacrée à l'Eucharistie, Mgr Perrier fait ériger sur la prairie du domaine des Sanctuaires Notre-Dame de Lourdes une tente dédiée à l'Adoration. À cette occasion, il lance un colloque sur l'Adoration eucharistique.

L'initiative se renouvèlera en 2001 avec « Marie, dans le dialogue œcuménique et les relations interreligieuses ». Puis, programmé à l'automne, le colloque, ouvert à tous, évoluera en un rendez-vous annuel préparatoire au thème pastoral à venir.

C'est Lourdes qui invite en partenariat avec de grandes facultés de théologie. Les universitaires se montrent ravis de quitter leurs amphithéâtres et bibliothèques. Quant aux organisateurs de pèlerinage, le colloque leur permet de se rencontrer et d'approfondir leur réflexion.

En cette année jubilaire de l'an 2000, le pèlerinage de la Bigorre ouvre pour la première fois la saison des Sanctuaires alors qu'auparavant il la fermait, à la suite du Rosaire.

Un bel hommage de l'évêque qui, malgré certains mécontentements, n'a trouvé aucune raison objective de préférer octobre, d'autant qu'en cette période encore chargée les chapelains comme le personnel des sanctuaires montrent quelques justes signes de fatigue.

Fin mars, c'est optimal : l'arrivée du pèlerinage oblige les services à se mettre en route rapidement ; le pèlerinage est préparé plus calmement ; les Bigourdans disposent de tout l'ensemble des lieux ; les enfants et les jeunes se voient mieux impliqués en ce moment de l'année.

Une chance pour le diocèse, d'ailleurs tout à fait légitime, puisque les Bigourdans ont été les premiers à se rendre en procession à la Grotte à la demande de la Vierge Marie.

Mgr Perrier s'est beaucoup investi pour le pèlerinage de la Bigorre, insistant largement sur ce temps fort de la vie populaire diocésaine et réintroduisant la marche symbolique de la cathédrale à la Grotte. Avec tout son dynamisme, il n'a pas hésité à accomplir chaque année la vingtaine de kilomètres qui sépare Tarbes de Lourdes jusqu'à plus de 70 ans. S'il ne veut s'affirmer sportif, il concède être endurant.

Aussi en 2010, afin d'illustrer le thème de l'année, la Bigorre était-elle la première à planter sa croix au Calvaire des Bretons près de la porte Saint-Michel, entrée officielle des sanctuaires, la seule permettant d'appréhender l'ensemble du domaine, comme Mgr Perrier s'est attaché à le préciser pendant près de quinze ans ; la porte Saint-Joseph demeurant une entrée de service !

À la suite de Tarbes et Lourdes, tous les pèlerinages étaient invités à planter une croix personnalisée. Fin novembre, plus de 600 croix y demeuraient. La plupart y sont toujours.

Ce pèlerinage de la Bigorre édition 2010 voyait également le lancement de « Veillez et priez » : une vaste opération lancée par Mgr Perrier dans tout le diocèse, afin que chaque paroisse, une semaine durant l'année, se mette en valeur et innove.

Une façon de révéler des lieux qui, si petits soient-ils, même une église de moins de cent habitants, ont leur histoire, leurs saints patrons et leur dignité. La valeur n'est pas quantitative.

D'une semaine à l'autre, les paroisses s'animaient en se transmettant des symboles forts : une bible, une lanterne, une image de la Vierge, et un cahier pour que chaque communauté chrétienne y inscrive sa prière ; d'ailleurs une très belle archive pour le diocèse.

Du nord au sud, Mgr Perrier a parcouru tout le département accomplissant une vaste tournée pastorale qui, selon son vœu, a favorisé l'unité.

À la fin de « Veillez et priez », marqué par le pèlerinage diocésain de 2011, plus de 5 000 personnes se sont retrouvées à la Grotte.

Le pèlerinage de la Bigorre permet à l'évêque de Tarbes et Lourdes de fédérer les deux missions qui lui ont été confiées. Mgr Perrier sert à la fois le diocèse et le Sanctuaire qui, en ce jour, ne font qu'un, unissant des personnes de tous les âges, de toutes les tendances et de tous les endroits, notamment les Tarbais, pas les plus zélés pour venir à Lourdes, mais très encouragés par l'évêque.

Pour lui, il est essentiel de se retrouver au moins une fois dans l'année : un jour pour vivre la foi ensemble, comme au temps de Bernadette Soubirous, qui attirait à la Grotte des personnes très diverses.

Cette unité de la foi ne doit pas être seulement dite mais vécue, que le diocèse habite le Sanctuaire et que le Sanctuaire se consacre au diocèse.

Quand Tarbes est à Lourdes c'est un jour béni pour l'évêque !

Cette dualité de missions ne s'est pas toujours avérée simple au quotidien, Mgr Perrier recherchant toujours l'équilibre entre le rythme du Sanctuaire et la pastorale diocésaine ordinaire.

La Bigorre se découpe en quatre zones et onze secteurs répartis en paroisses, aumôneries, congrégations religieuses. Chaque zone est dirigée par un vicaire épiscopal. Dans la force de l'âge, les quatre vicaires veillent harmonieusement au bon fonctionnement du diocèse.

Mgr Perrier les a fortement encouragés à renforcer les secteurs, les paroisses ne pouvant pas tout assumer. En Bigorre, rien n'a été supprimé ou remplacé : plus de 500 paroisses et clochers sont regroupés. C'est une ancienne habitude que de ne pas avoir un curé pour chaque paroisse, presque inscrite dans la tradition.

C'est l'évêque, le responsable juridique et moral des finances du diocèse. Une charge pour laquelle il se sent peu de compétence mais surtout qui ne le passionne guère.

Mgr Perrier a tenu à lancer une campagne diocésaine commune pour le Denier de l'Église, afin que les paroisses les plus importantes ne soient pas les plus avantagées.

Quant au Sanctuaire Notre-Dame de Lourdes, il représente une entreprise de plus de 400 salariés. La responsabilité est conséquente d'autant que sans garantie.

L'essentiel des revenus des Sanctuaires provient de la générosité des pèlerins, dont beaucoup sont d'origine modeste : quêtes, offrandes, legs, campagnes de dons… Chaque fin de saison, Lourdes se voit toujours au rouge, mais n'a jamais été contrainte de licencier.

Le domaine des Sanctuaires appartient au diocèse, qui est donc chargé de l'entretenir.

La basilique du Rosaire aura exigé d'importants travaux qui, étendus sur presque quinze années, doivent s'achever en mars 2012 avec l'arrivée du mobilier liturgique. Si sa rénovation s'avère moins onéreuse que sa construction, une importante partie du budget des Sanctuaires a été mis à contribution, nonobstant les subventions obtenues notamment de l'Europe eu égard à ce bien culturel.

Les Sanctuaires lancent deux opérations de mailings par an. Une afin de rembourser l'emprunt contracté pour la construction des Accueils et la seconde pour l'entretien du patrimoine, dont bénéficie la basilique du Rosaire.

Pour nombre de diocésains, les Sanctuaires paraissent une forteresse mystérieuse qui leur est étrangère. Mgr Perrier s'est attaché à en donner une image ouverte et à rendre les lieux plus abordables, par le biais notamment du *Bulletin religieux* et de la radio diocésaine qui ont contribué à faire connaître les services des sanctuaires et les personnes qui y œuvrent.

Depuis sa nomination à l'évêché de Chartres en 1991 puis à Tarbes et Lourdes, Mgr Perrier rédige chaque quinzaine un éditorial pour le *Bulletin religieux*. Il lui faut toujours trouver une idée nouvelle, mais il ne semble jamais être à cours !

En outre, depuis une dizaine d'années, l'évêque est invité cinq fois par semaine à répondre à une question de Germain Maps pour la radio *Présence Lourdes Pyrénées*. Un bel échange entre les deux hommes, même si le journaliste, souvent trop pessimiste pour Mgr Perrier, s'est vu parfois un peu malmené.

Pour l'évêque, la radio diocésaine, accessible à tous et à tout moment, reste un bon moyen de se rassembler, de se soutenir mutuellement dans la prière.

Radiodiffusée, la prière du chapelet, spécialité locale, est ensuite télédiffusée en juin 2000 grâce à une webcam installée face à la Grotte. Mgr Perrier met tout en œuvre pour que le message de Lourdes ne se limite pas à Lourdes.

En 2009, il crée un véritable pôle multimédia avec la radio *Présence Lourdes Pyrénées, TV Lourdes* et le service internet des Sanctuaires ainsi qu'un pôle éditions-communication-presse.

À la suite de Bernadette qui humblement ne connaissait que son chapelet, le thème pastoral 2012 porte sur le chapelet, achevant un cycle de trois années pendant lesquelles Lourdes s'est attachée à suivre l'appel du pape à devenir « école de prière » pour les pèlerins.

C'est l'évêque qui choisit un nouveau thème chaque année. À l'arrivée de Mgr Perrier, s'achevait un cycle sur le Fils, l'Esprit-Saint, le Père. Le Jubilé de l'an 2000 s'appuyait sur l'Eucharistie, puis en 2001 l'évêque a souhaité revenir à Marie et rendre grâce : « Marie conservait toutes ces choses en les méditant dans son cœur. »

De 2002 à 2006, Mgr Perrier décide de mettre en valeur les cinq réalités de Lourdes, alternant signe concret et signe humain : l'eau, la dimension internationale, le rocher, les malades et les hospitaliers puis la lumière.

Tout pèlerin prend de l'eau, passe à la Grotte, embrasse le rocher et allume un cierge. Lourdes parle à nos sens en un langage universel autant que chrétien. Pour chaque signe, l'évêque associe une phrase de l'Écriture ou de la Vierge : « allez boire à la fontaine et vous y laver » ; « un peuple de toutes les nations » ; « le Seigneur est mon rocher » ; « venez à moi, vous tous qui peinez » ; « tenez vos lampes allumées ».

Mgr Perrier pense à la pénitence pour 2007 avec « laissez-vous réconcilier » en prévision de l'année 2008 célébrant le 150ème anniversaire des Apparitions, où il invitera chacun à suivre le chemin du jubilé. Puis l'année 2009 sera consacrée à Bernadette, sa vie ne s'achevant pas aux Apparitions.

En un espace de liberté, Lourdes raconte une histoire concrète qui parle à chacun avec des signes fondamentaux mais accessibles à tous.

Si les Sanctuaires accueillent en priorité les malades, ils attirent aussi beaucoup les jeunes. Une génération chère à Mgr Perrier qui s'est attaché à développer leur rassemblement et à modifier cette image de Lourdes traditionnellement associée aux personnes âgées.

Le Fraternel, réunissant tous les deux ans les lycéens de l'Île-de-France, semble un bel exemple de réussite avec près de

12 000 jeunes venus de milieux et d'horizons très différents, heureux de se retrouver à Lourdes et libres de vivre en chrétiens.

Le père André Cabes, prêtre du diocèse et chapelain de Lourdes pendant vingt ans, s'est beaucoup investi pour l'accueil des jeunes, fondant la Communauté d'Ossun. Une structure très dynamique pour tout l'ensemble du diocèse, reliée désormais aux Fraternités Monastiques de Jérusalem.

Si les malades sont venus chercher force et espérance à la Grotte dès 1858, pour Mgr Perrier la grande malade de notre époque c'est désormais la famille.

À la suite de l'ouverture de *La petite maison de Bernadette,* lieu innovant et ludique destiné à l'accueil des enfants avec leurs parents, Lourdes s'est mis au service des familles en instaurant un premier rendez-vous en octobre 2011, regroupant des familles de toutes conditions sociales et matérielles.

L'évêque a tenu à inviter les familles au pluriel afin qu'aucune ne se sente exclue. Un signe fort à tous ceux qui pensent que l'Église ne peut plus rien leur apporter. Lourdes parle à chacun et propose diverses façons d'exprimer et de faire vivre sa foi.

Si Bernadette Soubirous s'est révélée aussi forte, c'est par la grâce de la Vierge Marie mais aussi par la famille dans laquelle elle a grandi et puisé amour et équilibre.

Lors des vacances de Noël, nombreuses sont les familles à se rendre à Lourdes. Mgr Perrier, qui a beaucoup fait pour développer les propositions pendant le Carême, correspondant également au temps des Apparitions, souhaite que Noël suscite des initiatives.

L'évêque a toujours cherché à rallonger la saison, terme d'ailleurs qu'il n'apprécie guère, puisque ne revêtant aucun caractère religieux.

Il lui semble essentiel de dynamiser la vie des Sanctuaires tout au long de l'année et de sortir du schéma binaire saison hors-saison.

D'autant que le Sanctuaire Notre-Dame de Lourdes est toujours ouvert et que la source ne cesse jamais de couler !

Après Noël, janvier serait le seul mois admissible de relâchement, avant de démarrer le 11 février. Des efforts restent à faire afin d'intensifier ces périodes.

Pour trouver des idées, rien de tel que d'aller voir ce que font les autres ! Mgr Perrier lance en 2003 le Réseau Marial Européen avec les encouragements de Rome.

Son projet : réunir les grands sanctuaires d'Europe dédiés à Marie et les mettre en relation. Vingt sanctuaires ont été choisis, autant que de « mystères » dans la prière du Rosaire.

Presque tous les pays d'Europe sont représentés. Nombre d'entre eux sont situés au-delà du rideau de fer. Lors de compétitions entre plusieurs sanctuaires d'une même nation, c'est le plus populaire qui était retenu, comme Altötting en Allemagne.

Le Réseau Marial Européen est un club obligatoirement fermé par le nombre foisonnant de sanctuaires.

Chaque année, une rencontre a lieu dans un sanctuaire différent, afin de renforcer les liens et mieux connaître les attentes des millions de personnes qui les fréquentent. Le Réseau Marial Européen permet un dialogue, un échange d'idées et de perspectives.

Mgr Perrier a donc été amené à beaucoup voyager. Seul le sanctuaire de Malte lui était encore inconnu : il s'y est rendu en janvier 2012.

Depuis la reconnaissance des Apparitions de Lourdes le 18 janvier 1862, les travaux se sont enchaînés afin de répondre à l'accroissement continuel du nombre de pèlerins.

Mgr Perrier en près de quinze ans n'aura pas engagé de grands chantiers, hormis la restauration nécessaire de la basilique du Rosaire et les mosaïques de sa façade, mais a lancé un vaste projet qu'il porte dans son cœur et sa tête depuis très longtemps : Siloé, en référence à la piscine de l'Évangile où Jésus guérit un aveugle.

L'eau, qui tient une grande place dans l'Écriture, est omniprésente à Lourdes : le Gave, la source, les fontaines, les piscines et le chemin de l'eau : outil pastoral en neuf étapes imaginé par Mgr Perrier afin d'illustrer le thème de l'année 2002 : « Allez boire à la fontaine et vous y laver. » Une invitation de la Vierge Marie à Bernadette Soubirous lors de la neuvième apparition du 25 février.

Pour Mgr Perrier, le rite des piscines ne répond pas forcément à la demande de la Vierge Marie. Se laver ne veut pas dire se baigner, encore moins se plonger. De surcroît le dispositif, dont la capacité d'accueil s'avère insuffisante face à l'affluence, crée beaucoup de frustration avec un temps d'attente et des conditions de préparation difficiles.

Le pèlerin peut boire aux fontaines et se baigner aux piscines mais n'a aucun moyen de s'y laver. Mgr Perrier a trouvé le geste intermédiaire : une vasque pour se laver, posée à différentes hauteurs ou à même le sol, afin d'accomplir l'acte le plus proche de celui de Bernadette.

Impossible à installer à l'endroit des piscines, il faut chercher un autre espace ! Rien de scandaleux selon l'évêque d'autant qu'elles ont déjà été déplacées dans la perspective du Centenaire. D'ailleurs les fontaines, trop bruyantes pour se trouver si proches de la Grotte, furent également avancées en 2007.

Pour Mgr Perrier, le lieu idéal se situait en la place de la tente de l'Adoration. Impossible d'obtenir un permis de construire en cette zone classée inondable en cas de crue centenaire. Même pour des piscines !

Malgré sa pugnacité, l'évêque n'a pu obtenir de dérogation et s'est résigné à investir une zone située derrière l'église Sainte-Bernadette, face à la Grotte.

Siloé ne se veut pas qu'un simple transfert des piscines mais doit permettre selon le désir de chacun de boire, se baigner ou se laver. Ce projet complexe est bien engagé mais ne devrait pas voir le jour avant fin 2014.

Cinq agences ont été sélectionnées afin de travailler à un plan d'architecture répondant à cette diversification du rite de l'eau.

Mgr Perrier a bien préparé l'avenir, fidèle à la source originelle du Sanctuaire Notre-Dame de Lourdes : l'eau de la Grotte de Massabielle. Une eau vive, jaillissante, toujours nouvelle. Pas prête à se tarir.

Les papes

Le 8 décembre 1854 le pape Pie IX proclamait le dogme de « l'Immaculée Conception », moins de quatre ans avant l'Apparition de Lourdes du 25 mars 1858. En ce jour de l'Annonciation, la Vierge Marie révélait son nom en patois bigourdan à Bernadette Soubirous : « Que soy era Immaculada Councepciou. »

Devenue sœur Marie-Bernard, Bernadette écrivit dans une lettre adressée au pape en 1873 : « En réfléchissant, je me dis que la Sainte Vierge est bonne. On dirait qu'elle est venue confirmer la parole de notre Saint-Père. »

Cet écho de la Vierge Marie au dogme promulgué à Rome unit tout particulièrement Lourdes aux successeurs de Pierre qui l'ont comblée de privilèges et d'indulgences.

Une Grotte de Lourdes a été reproduite dans les jardins du Vatican à la demande de Léon XIII. La célébration du 11 février fut étendue à l'Église universelle par Pie X.

Benoît XV sera le premier pape à se rendre à Lourdes avant son élection en 1913.

Pour Mgr Perrier, le pape, c'est la référence. Tout prêtre le nomme quand il dit la messe. Être catholique, c'est être en communion avec le pape. On peut essayer de mieux comprendre le concile de Vatican II, mais on ne peut pas dire « j'en prends et j'en laisse ».

D'ailleurs, les propos de Benoît XVI sur le concile s'avèrent très intéressants pour Mgr Perrier qui se fait un devoir de lire les écrits du pape, du moins les encycliques.

La venue du pape Jean-Paul II en 1980 aura marqué un véritable tournant dans l'histoire de l'Église de France. Après les années de déceptions de 1970, c'est le début du renouveau. Jean-Paul II vient et transmet un ressort inattendu.

Le peuple de France se montre toujours distant, mais à chaque fois que le pape vient, c'est toujours un succès, les Français lui réservant le meilleur des accueils.

Cette visite pontificale aura fortement marqué Jacques Perrier, organisateur de la formidable rencontre de Jean-Paul II avec les jeunes au Parc des Princes.

Comme tant d'autres, il a aimé ce pape, aumônier d'étudiants comme lui, et qui par son expérience pastorale et sa personnalité exceptionnelle s'est révélé un génie aux aptitudes multiples, faisant entrer l'Église dans le IIIème millénaire.

Si Mgr Perrier ne peut trahir sa profonde admiration pour le charisme de Jean-Paul II, à la fois philosophe, artiste, sportif, diplomate, communiquant, il ne peut oublier les papes qui ont parcouru sa vie et empreint sa foi et qui d'ailleurs ont sûrement besoin d'être plus défendus, tout particulièrement Pie XII, calomnieusement accusé de silence face aux atrocités nazies.

Pie XII est déjà détesté lorsque Jacques Perrier est au séminaire. Ce dernier, qui s'affirme en esprit de contradiction, ne peut laisser résumer ce pape à ce faux procès immonde qui lui est fait.

Mgr Perrier se dit outré de voir des catholiques se faire ainsi piéger par cette propagande, qui irait jusqu'à assimiler Pie XII à Staline !

Même s'il fut un homme d'un autre temps, un conservateur, Jacques Perrier soutient sa mémoire avec force, d'autant que le concile Vatican II semblerait invraisemblable sans les encycliques de Pie XII.

Jean XXIII avait été nonce en France après la seconde guerre mondiale et s'était lié à Mgr Théas, évêque de Tarbes et Lourdes, qui durant la guerre avait pris des positions courageuses face aux Allemands. Alors patriarche de Venise en 1958, c'est lui qui fut envoyé à Lourdes par Pie XII pour consacrer la basilique Saint-Pie X.

C'est Jean XXIII qui a lancé le concile Vatican II, tout en sachant qu'il n'en verrait pas la fin.

Le pape actuel, Benoît XVI, s'attache à réhabiliter son successeur, Paul VI, qui aura porté l'immense espoir du concile Vatican II, puis qui subira les désillusions, les fractions et désertions des années 1970. Mgr Perrier garde l'image d'un homme peu communiquant mais qui aura assurément beaucoup souffert.

Il est question que le concile soit revu afin de ne plus lui attribuer davantage ou différemment que ce que stipulent les textes. Pour Mgr Perrier, toute remise en mouvement peut se révéler dangereuse.

Quant à Jean-Paul 1er, il mourut quelques semaines après sa nomination, assurément écrasé par l'ampleur de la tâche. Il fut le premier à dire « je ».

Paul VI et Jean-Paul 1er furent pèlerins de Lourdes avant leur pontificat. Mais il revenait à Jean-Paul II de venir à Lourdes en tant que pape.

Attendu au Congrès eucharistique de Lourdes en juillet 1981, l'attentat du 13 mai l'en empêcha. Mais Jean-Paul II tenait à venir à Lourdes et Lourdes tenait à le recevoir. Il choisit la fête du 15 août de l'année 1983.

Mgr Perrier venait d'être nommé à la cathédrale Notre-Dame de Paris et avait fait installer un grand écran sur le parvis afin de suivre les célébrations. Mgr Perrier se souvient parfaitement de son réquisitoire contre les atteintes portées aux libertés religieuses. Les paroles du pape font partie du message de Lourdes.

Mgr Jacques Perrier sera l'unique évêque de France à recevoir deux papes : Jean-Paul II en 2004, suivi en 2008 par Benoît XVI.
Pour lui, des personnalités remarquables bien supérieures aux dirigeants de certains grands pays.

Benoît XVI, excellent pédagogue à la voix douce et chaleureuse, a trouvé son ton à lui, plus clair même que Jean-Paul II, dont les discours s'avéraient parfois plus ardus à suivre.
Ce qui frappe Mgr Perrier, c'est que les jeunes d'aujourd'hui, qui n'ont pas connu l'ancien pape, ont aussitôt adopté Benoît XVI, calme et très différent de Jean-Paul II.

Intellectuel, professeur de théologie, universitaire, le cardinal Ratzinger se déplaçait peu, préférant s'adonner à ses recherches et à l'écriture. À sa nomination, il avait annoncé son intention de ne pas trop voyager. Puis finalement il s'y est mis, se rendant même aux Journées Mondiales de la Jeunesse, alors qu'il ne souhaitait pas y participer. Benoît XVI s'appuie désormais sur cette belle expérience des JMJ.
Il a beaucoup évolué, faisant preuve d'une personnalité ouverte sur le monde et non seulement centrée sur les livres.

Alors que certains l'accusent de pactiser, Benoît XVI fait tout ce qu'il peut pour que l'affaire des lefebvristes ne tourne pas en schisme. En outre, il porte le poids de la pédophilie des prêtres.
Jacques Perrier est révolté qu'une telle chose puisse exister et comprend toute l'agressivité que cette monstruosité suscite. Si l'Église se montre désarmée face à un tel drame, Mgr Perrier considère qu'en faire porter la responsabilité à Benoît XVI est absolument injuste et extrêmement douloureux.

Benoît XVI restera-t-il pape jusqu'à sa mort ? Mgr Perrier pense qu'il pourrait se retirer, estimant ne plus en avoir la force.

La difficulté en ce qui concerne la démission du pape, c'est de savoir qui va juger, accepter ou refuser.

Jean-Paul II avait dit y avoir pensé, mais sa volonté de poursuivre jusqu'au bout sa mission s'avéra un bel exemple de courage et de foi.

Très affaibli, c'est à Lourdes que Jean-Paul II accomplit son dernier pèlerinage hors d'Italie. Une visite due à l'attachement du pape pour le sanctuaire marial, mais aussi à l'audace et au dynamisme de Mgr Perrier, qui n'a pas hésité à l'inviter lors de sa visite *ad limina* de janvier 2004. Le pape recevait chaque évêque en tête à tête huit minutes.

Que dire d'original à Jean-Paul II sur le diocèse ? Mgr Perrier lui parle de Lourdes qui célèbre, en cette année 2004, le $150^{\text{ème}}$ anniversaire du dogme de l'Immaculée Conception. Pour la forme, il lui lance une invitation. Aucune réaction du Saint-Père qui l'interroge alors sur Tarbes : « Et Tarbes ? »

À la fin de l'entretien, Mgr Perrier, qui se laisse difficilement abattre, renouvelle sa demande avec plus de conviction, évoquant un programme léger.

Cette insistance se révèlera judicieuse, puisque le pape lui répondit d'en parler à son secrétaire.

À la sortie de la salle d'audience, Jacques Perrier raconte sa chance à ses collègues qui le prennent peu en considération, ironisant presque.

Voilà que l'après-midi, l'organisateur des voyages du pape allait être ordonné évêque. Mgr Perrier se rend un peu en avance à la célébration et bienheureusement rencontre dans la sacristie Mgr Dziwisz, le secrétaire du pape. Jean-Paul II devait enregistrer un message pour Lourdes à l'occasion de la Journée mondiale du Malade. Mgr Perrier en profite pour évoquer son entretien du matin et son invitation au Saint-Père. Mgr Dziwisz écoute, très laconique, mais ne dit pas non.

Une dizaine de jours après, Mgr Perrier, venu aux nouvelles, apprend que le responsable des voyages du pape, le nouvel évêque, Mgr Boccardo, a été convoqué par le secrétaire du pape, afin de prévoir un séjour à Lourdes.

Jean-Paul II choisit de nouveau la fête de l'Assomption, vingt et un ans après sa première visite en 1983. Mais cette fois en pèlerin, en malade, logé à l'Accueil Notre-Dame.

Tous les services, quelles que soient les convictions de chacun, se sont rapidement et efficacement mobilisés pour recevoir ce pape tant apprécié – sanctuaire, mairie, préfecture – honorés de l'accueillir, mais aussi émus par sa fragilité.

Les consignes de sécurité furent si contraignantes qu'une rumeur annonça la fermeture de la ville. Pourtant dès son arrivée à l'aéroport, Mgr Perrier perçoit qu'il y aura beaucoup de monde.

Dans la papamobile, l'évêque ressent la fatigue de Jean-Paul II qui ne parlait alors qu'en public, économisant ses forces.

Afin d'associer la ville et le diocèse au pèlerinage du Saint-Père, Mgr Perrier avait obtenu des services de sécurité que le pape se rende à la Grotte en passant par la ville. Les prêtres s'étaient rassemblés devant l'ancien presbytère.

Pour l'évêque, l'accueil fut vraiment formidable, notamment la descente de l'étroite rue de la Grotte, où la foule démonstrative secouait les petits drapeaux jaunes et blancs sur la papamobile, dont les vitres blindées étaient restées entièrement ouvertes. Le moindre incident était à redouter. La sécurité semblait en avoir pris son parti, avec cet homme inclassable.

L'ambiance s'avère jeune, chaleureuse. Les touristes des alentours n'avaient pas craint la fermeture annoncée de la ville. En plus, il fait très beau.

Les services du Vatican avaient commandé pour le pape un prie-Dieu avec des mesures précises. Même un homme en bonne santé ne pouvait pas y tenir !

Devant la Grotte, Jean-Paul II ne s'est pas évanoui, comme on a pu le croire, mais il s'est un peu affalé à cause de l'inconfort du prie-Dieu. Et comme il annonce : « Je suis arrivé au terme de mon pèlerinage », comme cela se fait lorsqu'on atteint en Terre sainte le Saint-Sépulcre, les médias ont aussitôt interprété ces mots comme l'annonce d'une mort prochaine !

Le prie-Dieu a été détruit. Pour Mgr Perrier pas question de le garder en relique.

En fin d'après-midi, la prière du Rosaire se déroulait en forme de procession avec cinq étapes représentant chacune un des mystères lumineux instaurés par Jean-Paul II.

Le Saint-Père s'est déplacé de l'une à l'autre en papamobile dans le silence et le recueillement, la foule ayant bien respecté ce véritable temps de prière qui s'est achevé sur le parvis de la basilique du Rosaire. Finalement le pape est reparti sur son fauteuil. Mgr Perrier a ressenti Jean-Paul II très heureux de ce moment.

Le soir, le pape n'a pas manqué de saluer les pèlerins, depuis la terrasse de l'Accueil Notre-Dame.

Le dimanche matin, la messe de l'Assomption, présidée par le pape, s'est avérée vraiment trop longue. Trois heures ! A déploré l'évêque qui aurait souhaité qu'elle fût raccourcie afin d'épargner Jean-Paul II, qui cependant avait conservé un peu d'énergie pour son homélie portant notamment sur la femme, sentinelle de l'avenir, et sur la liberté.

Le moment le plus fort pour Mgr Perrier, et assurément pour tous les pèlerins, reste le silence entourant Jean-Paul II à la Grotte, avant son départ. Le pape avait souhaité une prière personnelle sans médias, sans services de sécurité, sans discours. Durant cet instant de grâce retransmis sur écrans dans le domaine des Sanctuaires, chacun s'est tu, saisi par l'intensité du pape en prière.

Aussitôt après la visite de Jean-Paul II, Mgr Perrier a dû s'atteler à la préparation du 150ème anniversaire des Apparitions de la Vierge à Bernadette Soubirous.

Les jubilés s'avèrent des périodes charnières pour Lourdes, qui s'est développée en un climat politique souvent difficile, subissant de fortes tensions.

En 1908, pour le 50ème anniversaire des Apparitions, en une période troublée par la loi sur la Séparation de l'Église et de l'État, Lourdes ne s'est pas trop fourvoyée dans la politique, mais la polémique faisait rage. L'époque se voulait très scientiste, mais les guérisons attiraient les foules.

En 1958, l'atmosphère était différente. Le Centenaire a fait entrer le Sanctuaire dans les temps modernes avec la construction de la basilique Pie X et le travail considérable sur l'histoire de Lourdes entrepris par l'abbé Laurentin.

Pour le 150ème anniversaire des Apparitions, Mgr Perrier a souhaité que Lourdes ne se contente pas d'accueillir les foules et qu'elle s'interroge sur son rôle dans l'Église de notre temps.

Douze missions, pour lesquelles Lourdes peut prétendre à une certaine compétence, ont été mises en exergue. Chacune de ses missions a été confiée, mois après mois, à un partenaire parmi les grandes organisations et pèlerinages de Lourdes afin de les mettre en valeur selon sa spécificité.

L'Unitalsi s'est consacrée à l'accompagnement des malades ; HCPT aux personnes handicapées ; le pèlerinage national des Assomptionnistes à l'Eucharistie… À qui confier la mission pour la paix si ce n'est paradoxalement au Pèlerinage Militaire International !

Au printemps 2005, Mgr Perrier, bien qu'il n'aime pas trop faire les choses à l'avance, mais se voyant tellement sollicité par son entourage, s'est décidé à écrire secrètement au pape Benoît XVI. L'évêque requiert humblement l'avis du Saint-Père concernant le 150ème anniversaire des Apparitions et la place de Lourdes dans l'Église, l'interrogeant sur ses attentes en tant que pasteur universel.

Malgré toutes les précautions prises par Mgr Perrier, la lettre authentique n'est pas arrivée directement au pape. Le cardinal Lustiger, très proche de Benoît XVI, a pu finalement lui remettre un fax en main propre. Peut-être se trouve-t-il encore quelque part dans les archives du Vatican.

Le pape a répondu par une lettre autographe datée du 18 juillet 2005, où il expose ses recommandations pour le Jubilé, évoquant la dévotion mariale orientée sur les malades et l'Eucharistie.

Une lettre de deux pages qui commençait par ces mots : « Je confie au Seigneur l'espérance qui est mienne de pouvoir être présent à un moment significatif de l'année jubilaire. »

Pour Mgr Perrier, la formule est claire : le pape a bien l'intention de se rendre à Lourdes en 2008. Mais l'évêque choisit de conserver cette lettre secrète et n'en parle à personne. Une telle annonce à plus de deux ans de distance lui semble trop précoce, pour deux raisons : il veut préserver la liberté du Saint-Père et surtout que l'année du jubilé ne se concentre pas uniquement sur la visite pontificale.

Très vif dans l'action quotidienne, Jacques Perrier se révèle un homme de dialogue réfléchi, œuvrant avec tact et sens de la persuasion, tout particulièrement dans les projets à long terme. Entreprenant, il sait dépasser les conventions traditionnelles.

Avant même d'amorcer un quelconque projet pour l'année jubilaire, Mgr Perrier demandait conseil au pape, qui fut certainement sensible à cette requête peu commune et très respectueuse de son autorité.

Que cela soit lors de son invitation à Jean-Paul II, en tête à tête, ou par sa lettre transmise à Benoît XVI en personne, grâce à la complicité du cardinal Lustiger, les demandes de Mgr Perrier n'auront abouti que par un contact tout à fait direct avec les papes. Par les services, aucune de ses sollicitations n'aurait été, sans doute, prise en compte.

Pour cette année célébrant le 150ème anniversaire des Apparitions, Mgr Perrier, s'inscrivant toujours dans le concret afin d'être accessible au plus grand nombre, pense à une démarche spirituelle qui pourrait convenir à tous : plus ou moins fervents, jeunes comme âgés, à accomplir seul ou en groupe.
Un chemin de pèlerinage et d'initiation chrétienne en quatre étapes, dans les pas de Bernadette Soubirous, allant du baptême à l'Eucharistie. Deux sacrements reçus par Bernadette et qui résonnent en tout chrétien.

Le chemin du jubilé conduirait les pèlerins sur les lieux des grandes étapes de la vie de Bernadette Soubirous : l'église paroissiale qui conserve les fonts baptismaux ayant servi au baptême de Bernadette, le cachot où la famille Soubirous vivait à l'époque des Apparitions, la Grotte de Massabielle, en entrant par la porte Saint-Michel, et enfin la chapelle de l'hospice où Bernadette fit sa première communion.
Mgr Perrier ne voulait pas que le parcours du jubilé s'arrête à la Grotte, car Marie conduit à Jésus et à l'Eucharistie, sommet de la vie chrétienne.

Face à l'enthousiasme et à la détermination de l'évêque, les sanctuaires et la ville ont accepté de mettre en place toute l'importante logistique inhérente à une telle démarche, n'estimant pas d'ailleurs qu'elle connaîtrait un tel succès.

Outre l'accueil dans les quatre lieux, chaque jour de l'année, mobilisant force personnes et énergie, les bénévoles étaient chargés de remettre aux pèlerins un insigne sur lequel devait s'apposer au fur et à mesure des étapes un petit autocollant représentant le lieu visité.

Quel mal Mgr Perrier s'est donné pour trouver l'insigne idéal ! Le concept se voulait une reconstitution, mais surtout pas comme un puzzle qui mettrait en valeur les étapes manquantes. Il fallait une représentation significative avant d'en avoir obtenu tous les morceaux. Ceux qui ne pourraient pas accomplir les quatre étapes du chemin du jubilé ne devaient pas se sentir dépossédés voire exclus.

Pour l'évêque, l'essentiel est de proposer sans jamais contraindre, offrir la liberté de choisir sans idée de frustration ou de punition.

Les pèlerins, invités ainsi à mettre leurs pas dans ceux de Bernadette, se sont montrés ravis de cette initiative les associant directement au jubilé. Plus de 1 500 000 insignes ont été distribués. Une réussite telle que des Italiens ont fabriqué de faux insignes !

De plus, le chemin du jubilé a favorisé une importante et bienheureuse circulation entre le bas et le haut de la ville, dans laquelle Bernadette est née et a vécu.

Quand il a fallu choisir une date, Mgr Perrier a décidé d'étaler le jubilé sur une année entière : du 8 décembre 2007 au 8 décembre 2008 ; le jubilé s'ouvrant et se clôturant à la fête de l'Immaculée Conception, cœur du message de Lourdes.

Débuter au 11 février n'aurait pas permis ce temps de rodage nécessaire au succès des grands événements.

En outre, ces temps habituellement plus creux de la saison lourdaise devaient offrir toute latitude aux éventuelles initiatives. Mais cela n'a pas vraiment fonctionné. Les organisateurs ne trouvaient pas d'hôtels ouverts et les hôtels prétendaient qu'il n'y avait personne !

Mais, depuis, l'idée a fait son chemin : les propositions se sont développées sur une période de saison désormais très rallongée et aujourd'hui à Lourdes on peut toujours trouver un hôtel ouvert.

Le 8 décembre 2007, la porte jubilaire Saint-Michel s'est symboliquement ouverte sur une des années les plus riches de l'histoire de Lourdes.

Le soir, la découverte des mosaïques, qui ornent désormais la façade de la basilique Notre-Dame du Rosaire, a créé l'événement. Elles sont l'œuvre du père Marko Ivan Rupnik, dont le travail artistique se révèle dans l'expression de sa foi.

Sous un grand rideau noir, elles se sont dévoilées peu à peu : une beauté à couper le souffle ! De magnifiques couleurs mêlées d'or et de lumière offrent à la basilique une nouvelle splendeur.

Avec ces mosaïques, Mgr Perrier a voulu rendre hommage à l'œuvre pastorale de Jean-Paul II, premier pape à se rendre à Lourdes en 1983, revenu en pèlerinage en 2004 et durant lequel les mystères lumineux qu'il avait instaurés ont été médités : le baptême de Jésus, les noces de Cana, l'annonce du Royaume de Dieu, la Transfiguration et l'institution de l'Eucharistie.

Mieux qu'une statue du pape, il fallait que les mystères voulus par Jean-Paul II soient représentés à Lourdes.

C'est la seule initiative onéreuse que Mgr Perrier ait prise en près de quinze années, même s'il a dû en assumer d'autres relevant de la nécessité. Si les revenus du Centenaire ont permis de financer la basilique Saint-Pie X, ceux du 150ème anniversaire ont été absorbés par la venue de Benoît XVI.

Pour l'évêque, il n'était pas question d'isoler les frais du Jubilé de la visite du pape, qui était prévue de longue date, à la différence de celle de Jean-Paul II en 2004, annoncée très peu de temps avant son arrivée. En 2004, le budget n'avait pu être prévu à l'avance. Les frais engagés sont pourtant considérables.

Organiser un tel événement coûte désormais excessivement cher. Les finances des Sanctuaires s'avérant juste à l'équilibre, il était impossible de porter les frais de cette visite pontificale exceptionnelle de 2004.

Mgr Perrier avait donc choisi de demander une participation aux pèlerins plutôt que de prévoir une quête pour la messe du 15 août.

Par le biais d'une file d'attente organisée, les pèlerins devaient recevoir un sac contenant notamment le livret *Prions en Église,* un dizainier et un cierge. La remise du sac n'était nullement liée à la libre participation de chacun, cependant une offrande de dix euros était conseillée. En fait les services de l'État, qui devaient ordonnancer ce système de filtrage, n'ont rien fait et les Sanctuaires ont à peine couvert 10 % des frais engagés !

Que faire ? Les Sanctuaires lancèrent un communiqué AFP, aussitôt repris sur le plan national. Lourdes qui manque d'argent. Quel scoop ! Le sujet a vite fait le tour des rédactions, prenant de l'ampleur.

De fait, l'argent est vite arrivé. Dès que la somme a été couverte, Mgr Perrier est intervenu afin de faire cesser les dons.

À la suite de Jean-Paul II en 2004, Benoît XVI annonce sa venue en pèlerinage à Lourdes du 13 au 15 septembre 2008.

Quelle année jubilaire ! Les préparatifs vont bon train. Mgr Perrier, toujours dans l'action, ne semble pas sujet à la pression. Si cela ne l'empêche pas de dormir, il prend les événements très à cœur.

Les plus importantes contrariétés qu'il aura à subir proviennent des services de sécurité. Un casse-tête que ces contraintes émanant à la fois du Vatican et de l'État !

L'évêque ne se ménage pas, mais justement en pleine année jubilaire, il est hospitalisé pour une occlusion. Lui, dont la dernière journée alitée date de 1954... Un coup dur mais aussi une alerte !

À son retour, lors d'un point presse, il inscrit avec humour sur son chevalet porte-nom : « Je sais, je dois me ménager ! »

Le maire qui venait de se faire malmener par Mgr Perrier, mécontent du retard pris par les travaux du cachot, reprenait avec esprit la formule : s'il doit se ménager, moi il ne m'a pas ménagé ! Preuve d'une complicité entre les deux hommes, animés par la même volonté de faire rayonner Lourdes.

Venant de Paris, Benoît XVI a gagné la Grotte sous une pluie battante, le samedi 13 septembre 2008. Mgr Perrier était vraiment heureux que le pape puisse accomplir les quatre étapes du chemin du jubilé : la paroisse, le cachot et la Grotte dès son arrivée le samedi et l'hospice le lundi matin.

Benoît XVI s'est avéré très présent, s'intéressant et prenant son temps. Un insigne en terre cuite, imitant celui des pèlerins, lui avait été spécialement fabriqué.

Le soir, la procession mariale aux flambeaux s'est conclue sur un bel échange entre le pape et la foule des pèlerins, qui conserveront dans leur cœur cette phrase lumineuse : « En ce sanctuaire de Lourdes vers lequel les chrétiens du monde entier ont les yeux tournés, nous sommes invités à découvrir la simplicité de notre vocation : il suffit d'aimer. »

Benoît XVI, qui logeait dans une maison religieuse, ayant pour habitude de prendre ses repas avec les personnes résidant sous son toit, notamment le médecin, les secrétaires, les agents de sécurité, avait invité l'évêque de Tarbes et Lourdes. Pas d'autres ecclésiastiques ou dignitaires de l'Église.

Mgr Perrier, qui s'est donc retrouvé à la table du pape, entouré d'une douzaine de personnes qui ne disaient mot, dut tenir la conversation au Saint-Père ! Sûrement un peu intimidant, mais la force de Jacques Perrier c'est de ne pas le montrer.

Benoît XVI a parlé de Bernadette Soubirous de façon très précise et concrète, comme il le fait dans ses écrits toujours méthodiques en s'appuyant sur le récit et l'histoire.

Né un 16 avril, date du passage au ciel de Sainte Bernadette, le pape se voit d'autant plus lié au message de Lourdes.

Jacques Perrier, invité à prendre le petit déjeuner avec Benoît XVI, a subi la honte de sa vie. Pris par les embouteillages, certainement l'organisation des événements, peut-être un peu la pression aussi, voilà qu'il est arrivé tellement en retard au rendez-vous que le pape remontait déjà dans sa chambre ! Le bienveillant Saint-Père ne s'en est pas le moins offusqué, mais Mgr Perrier en conserve un souvenir contrit.

Durant le séjour de Benoît XVI, deux messes furent célébrées.

Une sur la prairie le dimanche matin, accueillant près de 170 000 personnes, malgré l'annonce de la fermeture de la ville dès quatre heures du matin. Le pape s'est effacé au profit d'une liturgie particulièrement soignée.

La seconde messe, sur l'esplanade du Rosaire le lundi matin, était célébrée à l'intention des malades.

Le dimanche après-midi, après avoir rencontré les évêques de France à l'hémicycle, le pape devait rejoindre la fin de la procession eucharistique pour le temps d'Adoration. Aucun bruit ni mouvement de foule n'ont perturbé son arrivée. Benoît XVI, très ému, a pris un long moment de prière dans le silence absolu.

Pour Mgr Perrier, le point commun entre les deux visites pontificales de 2004 et de 2008, s'avère aussi le plus fort : le silence habité induit par Jean-Paul II à la Grotte avant son départ puis par Benoît XVI devant le Saint-Sacrement.

Une capacité de silence et de recueillement surprenante en cette multitude.

Le lundi matin, dernière étape du chemin du jubilé à l'hospice. Un bel accueil y avait été prévu de longue date, mais le responsable du service de sécurité, s'avérant trop pressé, a tout gâché. Mgr Perrier était furieux, désolé envers tous ceux qui s'étaient investis pour recevoir le pape.

Avant, c'était un religieux, en l'occurrence Mgr Boccardo, qui avait autorité et assurément plus de sensibilité.

Il fallait bien un loupé !

Benoît XVI avait accepté de donner le sacrement des malades à une dizaine de personnes en souffrance. L'évêque les a choisies d'âges divers et atteints de maladies différentes. Parmi elles, le père Bordes, ancien recteur des sanctuaires, qui avait accueilli Jean-Paul II en 1983. Un très beau moment pour chacun de recevoir l'onction des malades des mains du Saint-Père.

Ce qui a marqué la visite de Benoît XVI ce ne sont pas les discours, peu nombreux d'ailleurs, mais sa présence, son sourire, son émotion. Il est reparti tout simplement, avec un panier repas dans l'avion, heureux et impressionné par cette force de recueillement éprouvée parmi la foule.

Si durant l'année du Centenaire, Lourdes a atteint les cinq millions de visiteurs, puis les six millions lors du jubilé de l'an 2000, le 150ème anniversaire des Apparitions se révèlera particulièrement extraordinaire, notamment en termes d'affluence avec un bond à neuf millions.

Le miracle de Lourdes

Le sanctuaire Notre-Dame de Lourdes n'a cessé d'évoluer afin de répondre avec fidélité à la demande de la Vierge Marie et d'accueillir à la Grotte les pèlerins du monde entier. Un chantier perpétuel à la fois matériel mais surtout spirituel.

Un miracle que Lourdes ait su résister à toutes les crises, économiques ou religieuses, traversées en 150 ans !

Une force émanant de son exceptionnelle capacité d'ouverture aux peuples de toutes les nations et de son approche sensible envers chacun, quels que soient l'âge, la condition physique ou financière et le degré de conviction.

Le succès du Sanctuaire Notre-Dame de Lourdes se situe au-delà du religieux dans la dimension humaine à travers le sens du service, le don de soi envers ceux qui souffrent.

Pas de place pour le paraître, le superficiel ! Personne n'est jugé ; chacun se sent respecté selon ses différences et trouve sa place. Lourdes transmet la paix, la paix avec soi et avec les autres.

En ce lieu de liberté, infiniment catholique, Lourdes offre la possibilité de prier ou pas. Le visiteur n'a nullement à rendre compte de sa foi. Tellement bien que même les personnes de confession différente s'y sentent à l'aise.

Chacun insuffle à son passage à la Grotte le sens qu'il peut ou qu'il veut bien lui donner. C'est cette diversité qui fait la richesse de Lourdes n'opposant pas la liturgie et la piété populaire. En sa simplicité, la procession mariale aux flambeaux s'avère une démarche de foi universelle.

La beauté du site des Sanctuaires, en pleine nature, favorise certainement ce sentiment de liberté. Pour se recueillir à Lourdes, il n'est nullement besoin de rentrer dans les églises, d'ailleurs tellement diverses dans leur style et leur architecture que chacun peut en trouver une à son goût.

Lourdes, c'est d'abord la Grotte et elle parle à tous.

Les Sanctuaires offrent toutes les possibilités, en respectant les envies et les rythmes de chacun.

Les jeunes aiment Lourdes et sont de plus en plus nombreux à s'y retrouver. Ils apprécient cette terre de liberté sans faux-semblant où ils peuvent se sentir utiles, prendre des responsabilités. Le fait d'être dans une ville et non isolés à la campagne, où ils pourraient se sentir étouffés, se révèle un des attraits du sanctuaire pyrénéen.

Lourdes, caricaturée par l'image économique de la cité mariale chargée de boutiques, se voit souvent l'objet de critiques ou de moqueries. Cependant, excepté la librairie de la Grotte, aucun commerce ne se trouve dans l'enceinte du domaine des sanctuaires, dont tous les espaces sont libres d'accès.

Aux alentours, les hôtels lourdais offrent un très important choix d'hébergement à des prix extrêmement raisonnables.

Quant aux plus démunis, un lieu leur est tout spécialement dédié. En un cadre de verdure magnifique, la Cité Saint-Pierre, fondée par Mgr Rodhain, répond ainsi au vœu de Bernadette Soubirous : permettre aux personnes les plus pauvres de venir en pèlerinage à Lourdes, en étant hébergées dans les meilleurs conditions.

Un accueil rendu possible par l'esprit de fraternité et de solidarité qui émane de Lourdes. Les bénévoles et hospitaliers, qu'ils soient au service des malades, des jeunes ou des pèlerins et visiteurs sont au cœur de l'organisation du Sanctuaire. Sans eux Lourdes ne serait rien.

Un miracle que cette générosité humaine !

À Lourdes, la maladie, le handicap ne font pas fuir, mais au contraire apprennent à relativiser toute chose, à sourire.

Les malades occupent une place privilégiée très ancienne. Sans lien avec le message transmis par la Vierge Marie, leur présence s'est développée à la découverte de la source de Massabielle, dès les premières guérisons.

Ce ne sont pas les miracles qui ont lancé Lourdes mais Bernadette Soubirous.

La jeune Bigourdane ne s'est jamais trouvée seule à la Grotte. Dès le 20 février, une trentaine de personnes l'accompagnent. Le nombre ne cessa d'augmenter. La première guérison eut lieu le premier mars ; déjà la foule est nombreuse.

Lourdes fut un lieu de prière avant de devenir un lieu de miracles.

Ce qui attire en priorité, c'est la ferveur de Bernadette Soubirous. Elle fascine. Personne ne voyait la « Dame » dont parlait Bernadette, mais tous admiraient la beauté de son visage quand elle la contemplait.

Des milliers de personnes se sont rassemblées devant la Grotte pour regarder Bernadette et prier avec elle.

Le premier miracle de Lourdes, c'est avant tout Bernadette : une jeune fille étonnante, sachant à peine lire et écrire, ignorant le catéchisme, au caractère fort et à l'esprit indépendant.

Quel courage pour aller trouver l'imposant curé Peyramale et lui porter le message d'une inconnue ! Bernadette ne sait rien mais comprend tout. C'est grâce à ses qualités exceptionnelles que l'authenticité des Apparitions sera reconnue rapidement.

En 2009, l'année suivant le 150ème anniversaire des Apparitions, Mgr Perrier s'est attaché à montrer que la vie de Bernadette ne s'est pas arrêtée à la dernière Apparition du 16 juillet 1858 ; la plupart des pèlerins sachant seulement qu'elle est devenue religieuse à Nevers.

Pour Mgr Perrier, les Apparitions demeurent un événement extraordinaire, mais elles ne sont ni un point de départ ni une parenthèse. Elles intensifient une vie de foi. La sainteté de Bernadette ne date pas des Apparitions.

L'évêque n'aime pas aborder Lourdes sous l'angle de Bernadette, car les Apparitions viennent de la Vierge Marie. En 1858, Bernadette a 14 ans or elle a vécu jusqu'à 35 ans. La majeure partie de sa vie s'est donc passée après les Apparitions. C'est à cette période que Mgr Perrier a voulu s'intéresser.

Après l'année 2008 dédiée à la Vierge, l'évêque décide de consacrer l'année 2009 à Bernadette dans la période de sa vie qui a suivi les Apparitions.

Il a tout lu sur la question et pour lui la meilleure source s'avère le procès en béatification, avec des témoignages innombrables, notamment ceux des religieuses de Nevers, tous très convergents. C'est à ce moment que Jacques Perrier perçoit la valeur de Bernadette. Pour lui, sa sainteté n'est pas due aux Apparitions, mais à sa vie entière.

Mgr Perrier découvre une profonde continuité entre la période Lourdes et la période Nevers. Les grandes qualités aperçues lors des Apparitions subsistent : absolument très humble, sans culte de la personnalité, ayant toujours voulu rester dans la pauvreté, obéissante mais pas servile, charitable, aimant prier, courageuse dans la souffrance.

Les traits fondamentaux de sa personne ne se sont pas vraiment modifiés. Comme Franz Stock, elle reste fidèle à elle-même, ne connaissant pas de virage ou de retournement. Bernadette

Soubirous conserve la même ligne de conduite et le même profil de personnalité, sans rupture.

Après 1958, Bernadette n'a bénéficié d'aucune nouvelle apparition. Rien d'extraordinaire n'est survenu dans son parcours, ni guérison ou miracle, souffrant d'asthme elle-même durant toute sa vie.

La supérieure de Nevers ne comprenait d'ailleurs pas comment Bernadette avait pu bénéficier des Apparitions !

Son procès en béatification s'est ouvert tardivement, alors que localement sa réputation de sainteté s'avéra immédiate.

Les Apparitions sont authentifiées en 1862 par Mgr Laurence et la béatification de Bernadette n'est déclarée que plus de 60 ans après, soit le 2 juin 1925.

Au-delà de sa vie de foi, Mgr Perrier apprécie la personnalité de Bernadette, éminemment sympathique par son naturel et pleine de charme. Les bons tours de Bernadette l'amusent, notamment lorsque celle-ci très malicieuse se cachait ou se faisait passer pour une autre afin d'échapper aux nombreuses visites qu'on lui faisait à Nevers et qu'elle redoutait.

Un des aspects attirants de Lourdes concerne Bernadette Soubirous. Sa jeunesse au moment des Apparitions semble porteuse d'espérance pour l'Église et pour le monde.

Par sa personnalité, sa condition modeste, les jeunes peuvent se reconnaître facilement en Sainte Bernadette.

Elle n'est pas revenue à Lourdes ; Bernadette Soubirous estimait y avoir accompli sa mission et ne souhaitait pas que l'attention se porte à nouveau sur elle.

Lourdes rayonne par le message de la Vierge Marie que la jeune Bigourdane a transmis avec tant d'opiniâtreté et de sincérité.

Le sanctuaire Notre-Dame de Lourdes est étroitement lié à la source de Massabielle, que la Vierge Marie fit découvrir à Bernadette lors de la neuvième Apparition. C'est au contact de cette eau que, trois jours après, une première guérison eut lieu, suivie d'autres survenues pour la plupart par l'intermédiaire de la source.

Le nom de Lourdes est associé aux miracles, parfois avec ironie. Cependant aucune des paroles de la Vierge Marie à Bernadette Soubirous ne concerne les malades. Cette dernière s'est d'ailleurs toujours montrée distante concernant le phénomène des guérisons.

La réputation miraculeuse de la source attira les malades en nombre considérable. Pour eux se créèrent des Hospitalités et furent construits des Accueils.

Les guérisons se révélèrent nombreuses jusqu'au début du XXème siècle.

En cette époque scientiste, les chapelains de Lourdes et l'évêque firent en sorte d'éviter tout reproche en matière d'objectivité.

Beaucoup de médecins se trouvaient à Lourdes et le père Sempé a encouragé en 1883 le docteur Dunot de Saint-Maclou, spécialiste des troubles nerveux, des maladies imaginaires et des diverses formes d'hystéries, à ouvrir un Bureau des constatations médicales, afin d'examiner les guérisons.

La prudence est de mise sur la question des miracles.

Mgr Théas fonde, en 1947, le Comité Médical de Lourdes, qui réunit à Paris des médecins reconnus dans leurs spécialités respectives et qui sont chargés d'étudier en profondeur les dossiers de guérisons spontanées transmis par le Bureau médical de Lourdes. Le Comité a rapidement pris une dimension internationale.

Ils sont très nombreux à affirmer avoir été guéris à Lourdes, mais peu se font connaître. C'est que l'examen s'avère bien difficile ;

la reconnaissance officielle d'un miracle s'apparentant à une véritable instruction judiciaire, qui le plus souvent n'aboutit pas. Depuis les sept premières guérisons, plus de 7 000 dossiers ont été ouverts, mais seulement une soixantaine de guérisons ont été reconnues miraculeuses.

Au préalable, la maladie doit avoir été authentifiée par un diagnostic confirmé médicalement. Ensuite, il faut que la guérison soit complète et durable, et en outre prouver que les traitements éventuellement pris par le patient ne puissent avoir contribué à son soudain rétablissement.

Des critères stricts qui font fuir les plus sincères, d'autant qu'une telle entreprise requiert force peine et patience sur une très longue durée.

Alors évêque de Chartres en 1992, Mgr Perrier fut confronté au cas d'un homme atteint d'une sclérose en plaques. À son retour d'un pèlerinage à Lourdes, il guérit complètement. Comme son dossier médical n'a pas été reconstitué intégralement, sa guérison ne fut pas reconnue par le Comité Médical International de Lourdes.

Pas facile de prouver une maladie dont on vient d'être guéri !

Le processus s'avère des plus ardus puisque faute de preuves sur la maladie, le diagnostic ne peut être établi et donc tout s'arrête. Et tant que le Comité n'a pas donné sa confirmation l'autorité religieuse s'abstient de toute déclaration.

Les membres du Comité Médical International de Lourdes ne mêlent par leur foi aux débats, conduits par la seule exigence scientifique. Ce n'est pas à eux de proclamer un éventuel miracle mais à l'évêque du diocèse auquel appartient la personne guérie.

Mgr Perrier, président du Comité Médical International de Lourdes, estime que certaines guérisons légitimes, même si elles ne répondent pas à tous les critères officiels d'authentification, méritent d'être connues. La personne, qui voit disparaître ses souffrances en lien avec sa venue à Lourdes, doit pouvoir en rendre grâce publiquement.

150 ans après les Apparitions de la Vierge Marie à Bernadette Soubirous, la science médicale a surtout évolué au cours des 50 dernières années, tant sur le diagnostic que sur la thérapeutique. La pratique médicale moderne ne semble donc plus compatible avec le système de reconnaissance des miracles tel qu'il était établi autrefois.

La science a fait tant de progrès, avec une médicalisation si sophistiquée qu'il paraît difficile d'affirmer l'incurabilité d'une maladie. Ainsi la médecine prohibe toute affirmation définitive et les guérisons susceptibles d'être reconnues comme miraculeuses se raréfient.

Aussi les médecins eux-mêmes, amenés souvent à constater le caractère inhabituel d'une guérison, encouragent l'Église à s'engager.

La reconnaissance en 1999 de Jean-Pierre Bély comme 66ème miraculé marque un tournant dans l'histoire des guérisons de Lourdes. Pour la première fois, un évêque reconnaît le caractère authentique de la guérison d'un de ses diocésains comme un « signe effectif du Christ Sauveur » sans employer le terme de miracle.

Patrick Theillier et à sa suite Alessandro de Franciscis, médecins du Bureau médical de Lourdes, se sont engagés auprès de Mgr Perrier afin que soit définie une nouvelle approche des guérisons de Lourdes pour sortir de l'impasse liée à une problématique d'une autre époque, tant dans le processus que dans la qualification.

Mgr Perrier a voulu ouvrir le débat au sein du Comité Médical International de Lourdes, et s'est beaucoup investi afin de s'extraire du schéma binaire du tout ou rien.

Il fallait trouver un mode de reconnaissance plus nuancé, sachant que le chercheur ne peut s'engager à 100% même s'il considère l'aspect tout à fait exceptionnel de la guérison. Si les médecins du Comité semblent plus ouverts à l'inattendu, ils ne peuvent pas courir le risque de se discréditer auprès de leurs confrères.

Trois classifications ont été nouvellement établies dans le processus de guérison :

Les guérisons « spontanément déclarées » au Bureau médical de Lourdes, qui s'appuient uniquement sur le témoignage de la personne guérie.

Les guérisons « médicalement étayées » reconnues authentiques et soumises à l'appréciation de l'évêque du diocèse où réside le bénéficiaire, qui peut témoigner de son rétablissement survenu dans un contexte de foi et de prière.

Et enfin les guérisons miraculeuses, « médicalement inexplicables dans l'état actuel de la médecine », qui font l'objet d'une ordonnance épiscopale.

Cette distinction prend davantage en considération la dimension spirituelle de la guérison, plutôt que son caractère étonnant et inexpliqué. La médecine joue toujours un rôle essentiel mais plus consultatif, puisque c'est à l'Église de se prononcer sur un fait qui touche finalement plus à la foi qu'à la science.

L'évêque pourra prendre davantage de responsabilité en authentifiant des témoignages de personnes qui ont vécu leur guérison comme un moment de grâce ayant eu des conséquences spirituelles dans leur vie.

Après la guérison ancienne datant déjà de 1953 d'Anna Santaniello, Serge François, en mars 2011, devient le 68ème miraculé de Lourdes. Une troisième guérison reconnue officiellement par l'Église depuis la nomination de Mgr Perrier.

C'est l'évêque d'Angers qui a reconnu le caractère « remarquable » de la guérison de Serge François. Guérison subite, inattendue et durable, manifestement liée à sa venue à Lourdes, « une prévenance particulière de la Vierge Marie à l'égard de cet homme ».

En novembre 2011, lors de leur rencontre annuelle, les membres du Comité Médical International de Lourdes ont voté à une majorité de deux-tiers en faveur du « caractère inexpliqué » de deux guérisons « dans l'état actuel des connaissances scientifiques ».

Si les reconnaissances miraculeuses ont beaucoup diminué, la fréquentation des Sanctuaires n'a fait qu'augmenter. De l'extérieur, le pèlerinage à Lourdes est souvent perçu comme une quête de guérison miraculeuse, mais l'attrait est ailleurs : une démarche de prière et de communion avec les souffrants, qui ne se veut pas une simple parenthèse mais qui au contraire redonne des couleurs à l'avenir.

Le succès de Lourdes ne peut se réduire aux miracles, qui paradoxalement restent un aspect assez marginal. Le pèlerin ne vient pas chercher la guérison, même s'il en porte l'espoir secret dans le cœur. Sait-on jamais ?

Le premier prodige pour un malade c'est déjà de sortir de son lit, de son hôpital, de se sentir accueilli, respecté et installé à la première place. Un vrai miracle en notre société écrasée par les objectifs de performance et de rentabilité.

Les malades reviennent toujours à Lourdes car durant ce temps, ils ne se sentent plus en marge et trouvent force et espérance pour affronter leurs souffrances.

Décidément la promptitude est de rigueur chez Jacques Perrier, même sur le départ !

À le voir, toujours en mouvement, plus énergique que nombre de jeunes, qui pourrait croire à son âge ?

75 ans ! La limite d'âge fixée pour les évêques.

Le 4 décembre 2011, jour anniversaire de ses 75 ans, Mgr Perrier, conformément au droit canon, a transmis sa démission au pape. Il aurait pu demander à prolonger son ministère, mais ce n'était pas son souhait. 15 ans, c'est déjà beaucoup !

Son regard et ses idées sur Lourdes à son arrivée en 1997 sont semblables aujourd'hui et il aurait craint que cette perception initiale, bien que toujours juste, se fige. Mgr Perrier redoute la répétition : « Que faire de nouveau ? On voit bien au début ; après, c'est difficile de se renouveler. Peut-on changer de style ? C'est comme un musicien, il fait des variantes, néanmoins c'est toujours un peu la même musique (...) Pour le diocèse et les Sanctuaires, c'est une bonne chose qu'arrive un nouvel évêque. Et puis les personnes avec qui nous travaillons ont besoin d'un regard différent, d'un autre patron pour évoluer ou même se révéler. »

Benoît XVI a accepté la démission de Mgr Perrier et dès le 11 février suivant, soit seulement en un intervalle de deux mois, était annoncée la nomination de son successeur au diocèse de Tarbes et Lourdes : Mgr Nicolas Brouwet, alors dans l'année de ses 50 ans, évêque auxiliaire de Nanterre, diocèse du département des Hauts-de-Seine dont il est natif. Il se sent proche du Sanctuaire Notre-Dame de Lourdes, qui lui a permis d'approfondir sa foi dans sa jeunesse lors de fréquents séjours en famille.

Un regard neuf pour Lourdes, infiniment riche de potentialités !

Une évidence que Mgr Perrier a toujours conservée et qu'il s'est attaché à mettre en valeur, afin de rendre la cité mariale toujours plus vivante, plus proche des jeunes et au plus près des malades.

Il a veillé à étendre la saison des pèlerinages avec des propositions nouvelles, notamment en la période du Carême. Il a lancé le grand projet Siloé diversifiant le rite de l'eau. Il a instauré le Rendez-Vous des Familles, qui lui tient tant à cœur.

Lourdes est continuellement à réinventer. Ses missions surviennent au fur et à mesure. Les trois grands jubilés des Apparitions correspondent à trois périodes de l'histoire, qui font face à trois problématiques différentes.

Pour le 150ème anniversaire des Apparitions, Mgr Perrier a fait rayonner le Sanctuaire y entraînant 9 millions de pèlerins et visiteurs. Un succès pour tout l'ensemble de son équipe, des hommes et des femmes compétents, enthousiastes et engagés. En particulier Catherine Albrech, personnalité sensible et ouverte, qui a fait preuve de beaucoup d'idées s'attachant avec cœur à les mettre en œuvre. Créative et réalisatrice, elle a apporté à Mgr Perrier, durant toutes ces années, un soutien précieux.

Elle porte un regard optimiste sur la pertinence du Sanctuaire à notre époque : « Le message de Lourdes est toujours très actuel (...) C'est un endroit qui parle aux jeunes et où les personnes âgées se sentent bien. Les générations se rencontrent. C'est magique ! Bien sûr il y aura des mutations, mais les Lourdaises et les Lourdais sont armés pour ça (…) La vocation de Lourdes est internationale mais conserve son identité. Ici, il reste quelque chose de la France et de la Bigorre, sans être oppressant. »

Avec Catherine Albrech, dont les yeux s'illuminent à l'évocation de Lourdes, nul doute de la pérennité du sanctuaire pyrénéen.

Cependant, aucun sanctuaire ne peut se prévaloir d'une vie éternelle. L'attrait peut s'estomper, se déplacer, se tarir, revenir... L'histoire de l'Église en connaît de ces renversements, notamment

Rocamadour, haut lieu de pèlerinage médiéval, devenu célèbre site touristique avant de prendre un nouvel essor, ou Saint-Jacques de Compostelle, dont les chemins de pèlerinage connaissent désormais un engouement inédit de randonnée à la fois spirituelle et historique.

Mais à Lourdes, Mgr Perrier a vu loin et a bien préparé l'avenir. Son équipe, composée de religieux et de laïques, semble solide et unie, prête à animer le message inaltérable de la Vierge Marie, autour d'un recteur talentueux, le père Brito.

Il part tranquille.

Les départs sont toujours éprouvants. Mgr Perrier s'est sensiblement attaché à son diocèse et à son sanctuaire pour lesquels il a tant donné, néanmoins il n'est pas sujet à la nostalgie. Le sacerdoce n'est pas un métier mais le don d'une vie.

Dans tout son parcours, il n'a jamais choisi ses ministères : 15 ans à la Sorbonne, 7 ans à Notre-Dame de Paris, 7 ans à Chartres, 15 ans à Tarbes et Lourdes. Et la meilleure des parenthèses : 3 ans en la paroisse de Saint-Ferdinand-des-Ternes.

Mgr Perrier, toujours sûr de sa voie, estime ne pas avoir connu une vie dure, alternant des années difficiles comme l'aumônerie de la Sorbonne, des périodes très occupées comme à Notre-Dame de Paris, et un temps particulièrement heureux à Saint-Ferdinand-des-Ternes.

Un chemin de foi porté par la Vierge Marie : Notre-Dame de Paris, Notre-Dame de Chartres, Notre-Dame de Lourdes. Grands lieux de ferveur populaire.

Maintenant, son premier choix se fera à la retraite.

La retraite ? Assurément un terme qui ne peut lui correspondre ! Un changement de vie certainement, mais pas dans le repos ni l'inactivité.

Gageons que Jacques Perrier ne manquera ni de projets ni de sollicitations !

L'Église a besoin d'hommes dynamiques et Mgr Perrier ne pourra rester à rien faire. Il ne risque pas de s'ennuyer et il ne manquera pas de se rendre utile. Le temps s'avère précieux pour cet homme à l'entrain singulier.

Il ne sera pas malheureux, ce n'est pas dans son tempérament. Cependant il faut qu'il préserve sa bonne santé. Une santé, qu'il qualifie lui-même d'insolente. Un héritage de son père, décédé dans sa centième année et qui resta en pleine forme jusqu'à ses 90 ans. Mgr Perrier semble avoir de belles années devant lui.

En son existence tournée vers Dieu, il poursuivra sa vocation, plus qu'un devoir, une responsabilité : parler du Christ et le servir. La foi de Jacques Perrier est de celles qui libèrent et portent sur un chemin assuré.

Mgr Perrier aurait pu retourner à Paris, la ville qu'il aime tant. Il a choisi d'aller servir dans le diocèse de Limoges. Il pourra trouver du temps pour lire. Enfin des « lectures gratuites » ! Selon sa propre expression et désignant des lectures qui ne relèvent pas de son sacerdoce. Il lui reste des continents littéraires à découvrir : Dostoïevski, Shakespeare… Il n'a pas encore lu le grand poème italien de Dante, *La Divine Comédie,* ni le célèbre roman espagnol de Cervantes, *Don Quichotte de la Manche.*

Finalement Jacques Perrier, au cours de sa vie, aura plus écrit que lu, poussé par ce sens de l'utile qui lui est propre.

Peut-être souhaitera-t-il désormais écrire de façon plus personnelle : se livrer, évoquer lui-même son chemin, l'appel du Christ qui l'habite et le fait vivre.

Cette belle foi qui se révèle en actes.

Table

Achevé d'imprimer en Mars 2012 sur les presses de :
Imprimerie France Quercy - Groupe QUALIBRIS
ZA Les Grands Camps - 46090 Mercuès
Dépôt légal mars 2012